AF591277

†

# La Comtesse de Mesnard

Ln 27
38389

MADAME

# FLORA-ELISABETH DE BELLISSEN

## COMTESSE DE MESNARD

---

9 MAI 1808 ✠ 10 SEPTEMBRE 1887

*Elle a passé en faisant le bien.*

MONTAUBAN

IMP. ET LITH. ÉD. FORESTIÉ, RUE DU VIEUX-PALAIS

—

1887

# ARTICLES

ET

# NOTICES NÉCROLOGIQUES

## DE DIVERS JOURNAUX

Un sentiment de piété respectueuse pour la vénérée mémoire de Madame la Comtesse de Mesnard nous a engagé à réunir ici quelques-uns des articles publiés par la presse, lorsque la douloureuse nouvelle de sa mort s'est répandue dans le pays.

Nous avons pu y joindre le texte des remarquables discours prononcés, le jour de ses obsèques, par Monseigneur l'Evêque de Montauban, M. l'abbé Perdrau, curé de Saint-Etienne-du-Mont, à Paris, et M. Gabriel de Belcastel, ancien sénateur de la Haute-Garonne.

Ce que personne n'a pu et ne pourra jamais dire, c'est l'étendue et la profondeur des regrets qu'elle laisse. Ses bienfaits, ses conseils, sa charitable et haute influence, rayonnaient partout, et, comme l'écrivait un officier supérieur qui l'a bien connue, sa mort est un deuil auquel s'associe toute la France chrétienne.

C. P.

# NÉCROLOGIE.

(*Patriote de Tarn-et-Garonne*, du 11 septembre.)

Une triste nouvelle, qui retentira douloureusement dans la région, nous arrive.

Madame la Comtesse de Mesnard, née de Bellissen, est morte la nuit dernière à Genève, emportée par la maladie de cœur dont elle souffrait depuis longtemps.

Madame la Comtesse de Mesnard était âgée de 80 ans.

D'autres, plus autorisés que nous, diront dans le *Patriote* ce que fut la vie de cette femme de bien, vraie providence des pauvres, héroïne de la charité chrétienne.

Nous rappellerons sommairement ici quelques-unes de ses innombrables Œuvres.

Maîtresse d'une grande fortune, Madame la Comtesse de Mesnard l'a voulu employer tout entière à venir en aide aux déshérités, aux orphelins, aux enfants abandonnés.

Elle commença par loger et héberger dans son hôtel de Paris une quantité de ces pauvres enfants.

Ce fut l'origine de ses Orphelinats.

Dès lors elle se consacra entièrement, avec Mademoiselle de Mesnard, sa fille, aux Œuvres catholiques, et fonda successivement à Montbeton un Asile pour les vieillards, un *Sanatorium* ou Maison d'asile pour les missionnaires brisés par les fatigues de l'apostolat, un Orphelinat pour les jeunes filles, que tout le monde connaît à Montauban.

D'autres établissements du même genre furent créés par elle à Saint-Jory (Haute-Garonne), à Mesnard, en Vendée, dans le Gers, etc.

Sa générosité inépuisable soutenait encore l'enseignement chrétien par la fondation d'écoles libres à Bioule, dans le Tarn-et-Garonne, et à Trèbes, dans l'Aube.

C'est aux libéralités de Madame la Comtesse de Mesnard qu'on doit les belles églises de Montbeton et de Mesnard.

Nous ne pouvons énumérer ici toutes les Œuvres qu'elle patronnait et qu'elle soutenait.

Mais, nous le répétons, celle que la mort vient d'enlever trop tôt, hélas ! à ceux qui l'aimaient et la vénéraient, était comme l'incarnation de la charité catholique.

Ceux qui la suivront à sa dernière demeure, qui béniront sa mémoire et pleureront sur sa tombe, seront nombreux.

Nous y voulons déposer respectueusement l'hommage de l'admiration que nous inspira toujours cette grande figure, qui semblait d'un autre âge.

Et nous prions Mademoiselle de Mesnard d'agréer la douloureuse expression de nos condoléances.

Le malheur qui la frappe est de ceux qu'aucun pouvoir humain ne saurait réparer.

Dieu seul en peut atténuer l'amertume.

Plus heureux, les pauvres et les orphelins, après avoir pleuré leur bienfaitrice, trouveront en Mademoiselle de Mesnard une protectrice, une seconde mère, qui connait d'autant mieux leurs misères, qu'elle apprit depuis longtemps à les soulager.

# LA COMTESSE DE MESNARD.

(*Courrier de Tarn-et-Garonne*, du 12 septembre.)

« Les grands ne semblent être nés que pour exercer la charité. » Cette parole du grand Fléchier est la devise de la noble famille des châtelains de Montbeton. Le Marquis de Bellissen, que nous accompagnions, il y a quinze ans, à sa dernière demeure, en compagnie d'une foule immense de malheureux qu'il avait secourus, d'orphelins qu'il avait hébergés, nourris et élevés, avait ouvert le premier sillon de ce champ, que sa fille et sa petite-fille ont continué à ensemencer pour les indigents et les déshérités de ce monde.

Demain, nous irons pieusement escorter le convoi de la Comtesse de Mesnard, qui, elle aussi, vient de payer son tribut et rejoindre là-haut celui qu'on appelait dans la contrée le père des pauvres.

Comme lui, Madame la Comtesse de Mesnard sera escortée

par tant de bonnes œuvres, de créations charitables, que Dieu sera miséricordieux à cette âme d'élite, dont la vie toute entière n'a cessé de glorifier et de suivre sa loi.

La Comtesse vient de mourir subitement à Genève, à la suite d'une maladie de cœur qui la minait sourdement depuis quelque temps. Elle avait 80 ans.

Dans sa longue carrière, une seule pensée l'a toujours guidée : la Charité.

Cette sublime vertu qui fait les Saints, elle l'a pratiquée sous toutes ses formes, avec une libéralité et une simplicité qui en rehaussaient le prix.

Ainsi, à coté de l'Orphelinat de Montbeton, si gai, si joyeux, où les pauvres enfants sont l'objet d'une tendresse si affectueuse, s'élève l'Asile des vieillards. On voyait là, tout récemment encore, se fonder, par les soins de la bonne Dame, la Maison où les missionnaires malades trouvent, au retour de leurs lointaines et pénibles évangélisations, un repos salutaire et des soins éclairés.

Et pour ne parler que de ce que nous voyons autour de nous, rappelons ces églises superbes, édifiées pour la gloire de Dieu, ces écoles catholiques fondées et entretenues à Montbeton, à Bioule, partout où la Comtesse possédait un coin de terre.

Les échos de la Vendée, ceux de l'Aude, de la Haute-Garonne, nous rediront les bienfaits qu'elle a semés sur sa route, à Saint-Jory, à Mesnard ; l'Orphelinat de Millegrand, etc., etc.

Mais ce qu'on dira surtout, c'est l'exquise bonté, l'inépuisable charité de la châtelaine de Montbeton.

Et tous ceux qu'elle a secourus et consolés viendront

entourer son cercueil et l'accompagner au champ du repos de leurs prières et de leurs regrets.

Nous adressons à Mademoiselle de Mesnard l'expression de nos sentiments de condoléance pour cette perte si cruelle.

Nous croyons savoir que le corps de Madame la Comtesse de Mesnard sera ramené à Montbeton, où doivent avoir lieu les obsèques.

Nous ferons connaître le jour de la cérémonie.

E. F.

# NÉCROLOGIE.

(*Courrier de Genève*, du 15 septembre.)

Hier, à 9 heures, a eu lieu, à l'église du Sacré-Cœur, le service des funérailles de Madame la Comtesse de Mesnard, subitement décédée à Genève.

Madame la Comtesse de Mesnard, née de Bellissen, appartenait à une des plus anciennes familles de France. Elle était le type de la vraie femme chrétienne, toujours oublieuse d'elle-même et ne songeant qu'à consacrer son temps et sa fortune aux Œuvres de foi et de charité. Elle a fondé près de Montauban un grand Orphelinat et une Maison de retraite pour les missionnaires des Missions étrangères qui sont obligés de revenir en France refaire leur santé. Elle contribua à la fondation de la Trappe de Staouëli, dont le Père Régis, son illustre parent, fut l'organisateur. Elle fut en rapport avec Madame Swetchine et le Père Lacordaire, auquel elle vint en aide par ses générosités.

Jusqu'à l'âge avancé de quatre-vingts ans, elle a été la femme forte dont parle l'Esprit-Saint ; à Genève, Monseigneur Mermillod, le Clergé et les catholiques ne pouvaient oublier la part qu'elle a prise à nos Œuvres déjà avant la persécution ; et, depuis lors, quoiqu'elle eût une grande répugnance à s'arrêter à Genève, elle ne cessa pas d'aider à la création de nos pauvres chapelles dans la persécution et à soutenir les prêtres dans leur pauvreté.

C'est en témoignage de reconnaissance que le service funèbre a été célébré hier à l'église du Sacré-Cœur par M. le vicaire-général Gignoux, avec les délégations de toutes les paroisses de la ville, avant le départ de ses dépouilles pour son caveau de famille à Montbeton, près Montauban. Tous aussi avaient à cœur de manifester leurs douloureuses sympathies et leurs respectueux sentiments à sa fille, Mademoiselle Caroline de Mesnard, qui s'est toujours associée à la vie pieuse et charitable de sa vénérable mère, dont elle garde et suit les traditions.

---

# LA COMTESSE DE MESNARD.

(*Patriote de Tarn-et-Garonne*, du 14 septembre.)

Madame Flora-Elisabeth, Comtesse de Mesnard, était née à Toulouse en 1808. Dès que son éducation fut terminée, elle fut admise à la Cour : les qualités supérieures de son esprit attirèrent bientôt sur elle l'attention et les faveurs.

Aussi, le Roi la demanda-t-il au Marquis de Bellissen, son père, pour le Comte Charles-Ferdinand de Mesnard, dont la famille avait donné des preuves si sincères de son dévouement au Roi.

Après l'abdication de Charles X, Madame de Mesnard resta fidèle jusqu'à l'héroïsme à la Royauté. Cette fidélité fut généreuse et constante : elle ne connut point de défaillance. Aussi, malgré son âge avancé, la Comtesse se rendit à Frosdhorff et à Goritz pour assister aux obsèques du Comte de Chambord. La mort de celui qui résumait pour elle un passé plein de gloire, et qui lui apparaissait comme le sauveur de sa Patrie, fit au cœur de Madame de Mesnard une blessure profonde.

Les liens les plus étroits avaient toujours uni sa famille à l'héritier de la couronne de France. C'était le beau-père de la Comtesse qu'appelait à son secours le Duc de Berry, lorsque, frappé par le poignard d'un assassin, il s'écria : « A moi Mesnard ! »

Ceux qui eurent l'honneur de l'approcher ne nous contrediront pas, si nous disons qu'il est rare de rencontrer une femme qui unisse à un plus haut degré la grandeur de l'intelligence à la générosité du cœur. La finesse de son esprit et la sûreté de son jugement donnaient à sa conversation un charme qui lui avait mérité dans la société la réputation la plus flatteuse. Madame Swetchine la comptait parmi ses meilleures amies ; elle aimait à verser dans son âme les hautes pensées dont se nourrissait son esprit.

Ces deux âmes étaient d'ailleurs si bien faites pour se comprendre ; n'avaient-elles pas les mêmes aspirations ? L'une et l'autre s'étaient placées sous la direction du Père Lacordaire.

Il nous serait difficile de donner les noms des personnages qui se rencontraient habituellement dans le salon de Madame la Comtesse de Mesnard : M. le vicomte de Melun le créateur d'une foule d'œuvre à Paris, et le comte de Melun son frère, Monseigneur Gerbet, l'abbé Pereyre, Monseigneur Mermillod, l'éloquent apôtre dont notre ville a conservé un si doux souvenir ; Monseigneur Gay, ami et auxiliaire du cardinal Pie, dont tous les ouvrages ravissent l'esprit et embaument le cœur, et son ami M. l'abbé Perdrau, M. Cartier, le savant et pieux écrivain, mais plus encore l'ami sûr et fidèle qui, plus tard, partageait son temps entre Montbeton et Solesmes ; Monseigneur de la Bouillerie qui fut évêque de Carcassonne, et un grand nombre d'autres personnes tenant un rang distingué dans le monde religieux et dans la société.

Mais si Madame de Mesnard était remarquable par sa haute in elligence, elle n'était pas moins richement dotée du côté du cœur.

Oui, comme nous l'entendions dire un jour à Montbeton, Madame de Mesnard était bien bonne.

Cette réputation devait être bien établie. Pendant la Commune, les pétroleurs, passant dans la rue du Bac, s'arrêtèrent devant son hôtel ; mais on les entendit dire : « Allons ailleurs ! Ces dames au moins s'occupent du peuple et donnent leur argent aux pauvres. »

C'est qu'en effet, en face se trouvait l'Orphelinat qu'elle avait fondé pour recueillir les jeunes filles abandonnées. A l'approche des Prussiens, tout le personnel de cette Maison fut transféré à Montbeton. Nos lecteurs connaissent ce vaste et splendide établissement, où cent orphelines trouvent un abri, du pain, et surtout de nouvelles mères pour les instruire et les aimer. A la différence de la plupart des établissements de ce genre, l'Orphelinat Bellissen devient un véritable foyer domestique pour chacune des enfants qui y sont admises.

Lorsqu'elles ont atteint l'âge fixé, la supérieure s'occupe de leur procurer une position à l'abri de tout danger, et en cas de maladie les portes de cette Maison hospitalière leur sont ouvertes de nouveau.

Et ce qui se fait à Montbeton pour les jeunes filles s'accomplit à Millegrand, dans l'Aude, pour les garçons : c'est le même cœur qui fonda les deux Œuvres, c'est la même bourse qui les soutient avec une générosité sans cesse croissante.

Il y aurait encore beaucoup à dire pour énumérer toutes ses Œuvres. La noble châtelaine aurait voulu secourir toutes les infortunes; aux pauvres des diverses paroisses où elle avait des propriétés, elle faisait toutes les semaines distribuer du pain et des vêtements, aux enfants elle ouvrait des écoles, où ils pouvaient apprendre, de la bouche de maîtres éprouvés, à devenir honnêtes et chrétiens. Sa dernière Œuvre fut la fondation, à Montbeton, de la Maison connue sous le nom de *Sanatorium*, qu'une bouche autorisée qualifiait si bien en l'appelant l'*Hôtel des Invalides* de l'Apostolat. L'Œuvre des Missions la comptait depuis longtemps parmi ses bienfaiteurs les plus généreux. Dans ses Orphelinats on ne travaillait que pour ces intrépides pionniers des pacifiques croisades de l'Évangile.

Après les avoir si longtemps aidés et secourus dans les contrées lointaines, il ne restait plus qu'à recueillir dans leur vieillesse et dans leurs infirmités ces glorieux vétérans. Madame de Mesnard venait de terminer son œuvre; ce fut la dernière joie de sa vie de pouvoir étendre son hospitalité jusqu'à ces évêques, à ces prêtres brisés par les fatigues d'un héroïque apostolat.

Son existence, on le voit, a été bien remplie; alors que tant d'autres se font de la fortune un instrument de plaisir ou de jouissance, Madame de Mesnard n'eut d'autre souci que de faire du bien, de devenir la mère de l'orphelin, la providence des pauvres. Nous voulons le croire : il n'y aura pas un homme de cœur qui ne s'incline respectueusement devant cette tombe et ne dépose aux pieds de l'héritière de son admirable charité, l'expression de ses plus sincères condoléances.

Dieu lui a adouci, en les abrégeant, les dernières souffrances.

Vendredi soir, Madame de Mesnard écrivait encore à une de ses amies. Cette journée n'était pas encore finie qu'elle rendait son âme à Dieu, dans cette ville de Genève, à l'évangélisation de laquelle ses discrètes largesses avaient tant contribué.

Que son âme repose en paix ! Sa mort, qui a été un deuil pour nous, aura été pour elle l'entrée dans l'éternelle récompense.

Obsèques. — La dépouille mortelle de Madame la Comtesse de Mesnard est arrivée aujourd'hui, comme nous l'avions annoncé, en gare de Montauban, où elle a été reçue par Monseigneur Fiard, le clergé de la ville, qu'entourait une foule compacte de parents et d'amis.

Le funèbre cortège s'est ensuite dirigé vers Montbeton, où le corps a été déposé provisoirement dans la chapelle de l'Orphelinat.

Les obsèques auront lieu *vendredi prochain, 16 septembre à dix heures du matin.*

# LA COMTESSE DE MESNARD.

(*Courrier de Tarn-et-Garonne*, du 14 septembre.)

Hier soir à deux heures, par le train express qui correspond avec celui de Genève par la voie de Cette, est arrivé le corps de la vénérable Comtesse de Mesnard, accompagnée de Madame la Marquise de Mauléon, de Madame la Comtesse de Villèle, ses nièce et cousine-germaine; du supérieur du *Sanatorium* de Montbeton, et de M. Plista, qui étaient accourus à Genève dès la fatale nouvelle.

Mademoiselle de Mesnard, surmontant sa douleur, la fatigue et les émotions, avait voulu accompagner la dépouille mortelle de sa mère.

Sur le quai de la gare attendaient : Monseigneur Fiard, évêque de Montauban; M. de Belcastel, ancien sénateur; M. Henri Delbreil, sénateur de Tarn-et-Garonne; MM. Jean et Henri de Scorbiac, et un grand nombre d'amis de la famille.

Après les formalités, le cercueil a été placé sur un char

des pompes funèbres, et le clergé de Saint-Orens, entouré de nombreux ecclésiastiques de la ville et des environs, a fait la levée du corps, et le cortège s'est mis en marche.

Autour du corbillard on remarquait les orphelines et quelques-uns des vieillards de l'asile, ainsi que les missionnaires et la population tout entière de Montbeton.

Dans les voitures de deuil, parmi les nombreuses dames qui accompagnaient la défunte, nous avons remarqué MM[mes] Delbreil, de Scorbiac, de Saint-Jean-Lantilhac et plusieurs autres parentes et amies de la famille.

Arrivé à la limite de sa paroisse, M. l'abbé Magnol, curé de Saint-Orens, s'est retiré, et M. l'abbé Cavaillé, curé de Montbeton, a présidé le cortège jusqu'à la chapelle de l'Orphelinat.

Là, entouré des orphelines, le corps a été porté, et les prêtres ont chanté, au milieu de l'émotion générale, les vêpres des morts. M. le curé, en quelques mots, s'est fait l'interprète de la douleur de tous les assistants, qui pleuraient la bienfaitrice discrète, et la femme distinguée qui fut la providence de cette contrée.

Les dépouilles mortelles de Madame de Mesnard reposeront au milieu de ses chères enfants jusqu'à vendredi, jour fixé pour les obsèques.

# NÉCROLOGIE.

## MADAME LA COMTESSE DE MESNARD.

(*Bulletin catholique du Tarn-et-Garonne*, du 16 septembre.)

Samedi matin, le télégraphe nous apportait la douloureuse nouvelle de la mort, à Genève, de la noble châtelaine de Montbeton.

Depuis longtemps Madame de Mesnard souffrait du cœur, mais rien, même vendredi soir à 8 heures, ne faisait pressentir une fin aussi précipitée : la crise, qui cependant devait l'emporter, paraissait bénigne ; mais quelques instants suffirent pour la rendre mortelle.

Madame Flore-Elisabeth de Bellissen, d'une des plus anciennes familles du Midi, était née à Toulouse en 1808.

Dès que son éducation fut terminée, elle fut admise à la Cour et y passa la première partie de sa jeunesse, au milieu des grands noms de France. Les riches qualités de son esprit et de son cœur l'y firent promptement remarquer, et le Roi lui-même ménagea son mariage avec le jeune Comte Charles-Ferdinand de Mesnard, d'une famille vendéenne, dans laquelle le dévouement à la Monarchie était traditionnel.

Quand vinrent les mauvais jours de 1830, c'est avec une indicible douleur que Madame de Mesnard vit la Royauté prendre le chemin de l'exil. Volontiers elle eût suivi le Roi sur la terre étrangère. Il y avait en elle les ardeurs, les intrépidités, les héroïsmes de ces Vendéennes vaillantes qui, au temps de la grande lutte, avaient si généreusement combattu, à leur manière, pour la Religion et pour la France. M. le Comte de Chambord n'eut pas de cœur plus fidèle. Aussi n'y eut-il pas lieu de s'étonner si, il y a quatre ans, malgré son âge avancé et la fatigue d'un long voyage, elle s'empressa d'accourir à Frosdorff et à Goritz pour déposer sa couronne sur le cercueil où la Royauté très chrétienne allait s'ensevelir avec le fils de saint Louis.

Vivacité de l'intelligence, élévation de la pensée, générosité de l'âme, délicatesse du cœur, charme irrésistible de la parole, physionomie pleine de douceur et d'affabilité : tous ces dons de la nature se trouvaient réunis dans Madame de Mesnard et faisaient d'elle une femme véritablement supérieure.

Mais il n'y avait pas que la femme distinguée en Madame de Mesnard ; il y avait aussi la fervente chrétienne. La grâce divine, tombant sur ce sol privilégié, ne pouvait qu'y faire germer les belles vertus qui font l'admiration de la terre et des cieux.

C'est plus qu'il n'en fallait pour fournir à Madame de Mesnard les relations les plus choisies. Mme Swetchine fut son amie : le P. Lacordaire, Mgr Mermillod, Mgr. l'évêque d'Anthédon, M. Cartier, le pieux écrivain, etc., l'ont environnée de leur estime.

Très au courant, par suite de ces relations, des questions politiques et religieuses qui ont agité et passionnent encore notre siècle, elle les jugeait avec une sagacité et une justesse bien faites pour étonner de la part d'une femme. Véritablement, elle possédait cette sorte d'instinct vers la vérité qui caractérise les politiques honnêtes et les théologiens. Aussi ne pouvait-elle supporter une diminution quelconque de la vérité ; il la lui fallait tout entière, telle qu'elle découle des enseignements de Jésus-Christ et de l'Eglise.

On a dit avec raison que si l'homme donne sa valeur réelle dans les circonstances graves et solennelles de la vie, il la donne surtout lorsque, ces grands évènements passés, il est rendu à lui-même et remis dans le calme. Cette parole est vraie ; Madame de Mesnard en est un exemple.

La mort du Comte, son mari, ne fut point pour elle le signal de cette vie rapetissée dans laquelle se complait l'égoïsme : tout au contraire, elle devint le point de départ de cette vie essentiellement active qui a produit tant de généreuses fondations.

Comme son vénéré père, M. le Marquis de Bellissen, avait fondé l'Orphelinat de Montbeton, dans lequel cent jeunes filles trouvent asile, de même elle a fondé l'Orphelinat de Millegrand (Aude), pour un égal nombre de garçons. Déjà, vers 1854, elle avait ouvert, à Paris même, près de son hôtel, dans la rue du Bac, une Maison pour recueillir les enfants de la rue et les préparer à la première communion, œuvre éminemment chrétienne qui, en 1871, au temps de la Commune, la préserva de tout désagrément. Un jour, en effet, les communards s'étaient arrêtés devant son hôtel pour l'envahir et le piller, comme ils avaient fait ailleurs, lorsque l'un d'eux s'écria : « Non, pas ici ; la Dame qui y demeure aime beaucoup les pauvres. »

Les magnifiques églises de Montbeton et de Mesnard, bâties de ses deniers ; les écoles congréganistes de garçons et de filles créées ou soutenues partout où elle a des propriétés ; le *Sanatorium* tout récemment donné à la Société des Missions étrangères pour y recueillir les missionnaires épuisés par les fatigues de l'Apostolat et par l'inclémence des climats lointains ; les distributions régulières de vêtements et de bons de pain aux pauvres ; les secours largement accordés aux Œuvres de toute sorte..., proclament hautement les inépuisables largesses de sa charité et justifient cette parole si éloquente dans sa naïveté, que nous a dite une femme du peuple : « Les personnes comme Madame de Mesnard ne devraient jamais mourir. »

Ah ! sans doute, la mort de cette sainte femme est un deuil pour tous ; mais n'est-il pas juste qu'elle reçoive enfin dans le ciel la récompense qu'elle a si bien méritée ?

Du reste, est-elle complètement perdue ? Ne nous laisse-t-elle pas Mademoiselle de Mesnard, sa fille, en qui revivent toutes ses vertus et tous ses dévouements ?

Le corps de Madame de Mesnard est arrivé à Montauban, mardi à 2 heures, et a été transporté à Montbeton sur un char traîné par quatre chevaux caparaçonnés de noir, fourni par la société des pompes funèbres de Toulouse.

La levée du corps a été faite par le clergé de Villebourbon, auquel s'étaient joints un grand nombre de prêtres de la ville et de la banlieue.

## NÉCROLOGIE.

### LA COMTESSE DE MESNARD.

(*Le Monde*, du 16 septembre.)

Madame la Comtesse de Mesnard, née de Bellissen, vient de mourir presque subitement à Genève, le 10 septembre. Cette femme distinguée a mérité qu'il soit rendu à sa mémoire un ample tribut de respect et de reconnaissance. Les vertus qui ont caractérisé sa vie, sont le dévouement absolu à l'Église et l'amour du prochain, dans la personne des pauvres et de tous les blessés de la vie. Il n'est pas à croire que de notre temps, en France, une plus grande fortune ait été aussi complètement consacrée aux Œuvres de charité et à celles qu'il a fallu créer, si multipliées, sous le coup de la nécessité pour le service de l'Église.

Mademoiselle de Bellissen, par sa mère, née de La Galissonière, descendait d'un marin dont le nom est resté célèbre dans les annales de la flotte française; par son père, le Marquis de Bellissen, elle était alliée aux importantes familles du Midi, les Mauléon, les Villèle, les Cardaillac, etc.

Vers la fin de la Restauration, Mademoiselle de Bellissen fut mariée à un gentilhomme vendéen, le Comte de Mesnard, Sa fille unique, Mademoiselle Caroline de Mesnard, fut tenue sur les fonts du baptême par la Duchesse de Berry et le Roi de Naples.

Madame de Mesnard prit sa place à Paris dans cette société à la fois si aimable et si sérieuse qui se réunissait autour de Madame Swetchine. C'est là qu'elle connut le vicomte Armand de Melun, qui l'initia à ce mouvement d'œuvres de charité dans lequel elle devait plus tard entrer elle-même avec une si éminente générosité.

Ce fut Madame Swetchine qui lui fit connaître le Père Lacordaire ; elle ne tarda pas à se placer sous sa direction. Belle, aimable, spirituelle, Madame de Mesnard avait tous les dons pour réussir dans le monde ; elle s'associa au Tiers-Ordre de Saint-Dominique, rétabli par lui et en fut la première Prieure. Sous l'impulsion de l'illustre religieux, elle entra dans les voies humbles et austères de l'ascétisme chrétien.

Cette direction amena une correspondance qui dura jusqu'à la fin de la vie du Père Lacordaire. Ceux qui ont pu être admis à lire quelques-unes de ces lettres savent que le conférencier de Notre-Dame n'a rien écrit de plus élevé. On sait que jamais il ne s'est révélé avec plus de beauté que dans ses lettres, et surtout dans ses lettres spirituelles. A ce point de vue, la correspondance du Père Lacordaire avec Madame de Mesnard pourrait être placée auprès de celle de Madame Swetchine ; mais elle est d'une nature trop intime pour être publiée.

Madame de Mesnard fut dévouée à toutes les œuvres dominicaines. Elle participa aux nombreuses fondations qui ont si rapidement caractérisé l'expansion de l'ordre ressuscité par le Père Lacordaire. Elle contribua aussi à la création agricole de la Trappe de Staouëli.

Mise en possession d'une grande fortune par la mort de son père, Madame de Mesnard put se livrer plus complètement à son inclination pour les œuvres charitables. Toutes les fondations entreprises à partir de cette époque ont été faites avec la coopération constante de sa fille, Mademoiselle Caroline de Mesnard, toujours étroitement associée de sa mère.

Le Marquis de Bellissen avait établi sur sa terre de Montbeton, près de Montauban, un Orphelinat destiné à l'éducation de cent jeunes filles. Madame de Mesnard se hâta de consolider la fondation de son père en lui donnant de plus amples développements. Une école libre pour les jeunes filles du village fut annexée à l'Orphelinat. Une école de garçons fut confiée aux Frères des Écoles chrétiennes.

Pendant ce temps-là, les mêmes établissements scolaires furent constituées en Vendée sur la terre de Mesnard. Le village fut pourvu d'une église gothique magnifique.

Les autres terres du Marquis de Bellissen, dans le Midi, ne furent point oubliées. A Millegrand, diocèse de Carcassonne, a été construit un Orphelinat pour cinquante jeunes garçons. Le village de Saint-Jory, près de Toulouse, et en définitive toutes les localités où ces Dames avaient quelque propriété, furent favorisées du bienfait des Écoles chrétiennes.

Deux grandes œuvres ont occupé les dernières années de la Comtesse de Mesnard.

La vieille église paroissiale de Montbeton a été remplacée par un bel édifice en briques, construit dans le style ogival des églises du Midi. Son clocher magnifique, qui se voit de toute la contrée, sert de trait-d'union entre l'Orphelinat, les Frères et le château, d'où sont sortis tous ces bienfaits.

Une maison de campagne, située au centre d'un grand parc, se trouvait à vendre dans le village de Montbeton : Madame de Mesnard en a fait l'acquisition et l'a transformée en *Sanatorium*, hospice destiné à recevoir les prêtres revenus malades des missions lointaines, Il y a deux ans à peine que la Congrégation des Missions étrangères a pris possession de ce bel établissement.

Celui qui écrit ici dit ce qu'il sait et ce qu'il a vu. Mais combien de bienfaits ignorés, de secours temporaires, d'existences relevées, d'actes d'hospitalité noblement accomplis, dont le secret demeure entre Dieu et la généreuse donatrice! Qui dira la mesure de sa participation au Denier de Saint-Pierre ? Cette œuvre la passionnait.

Madame de Mesnard est morte à Genève : elle venait chaque année, depuis trente-trois ans, dans cette ville où sa santé et celle de sa fille avaient trouvé quelque soulagement ; c'était pour ces Dames un temps de vacances : elles s'y reposaient des soucis incessants que leur procuraient leurs fondations.

A Genève comme partout, la Comtesse de Mesnard a passé en faisant du bien. L'église Notre-Dame qui nous a été enlevée ; notre hôpital catholique, détruit par la persécution du gouvernement de Genève, avaient été comblés par elle. Elle n'a pas été moins généreuse depuis ces violences du schisme. Elle souscrivait à l'œuvre du clergé et pour autant n'oubliait pas nos pauvres. Personne ne sera surpris d'apprendre que Monseigneur Mermillod, dans les circonstances critiques qu'il a traversées, ait été l'objet de sa bienveillance toute particulière.

L'Évêque exilé et Madame de Mesnard avaient pris rendez-vous pour se voir le jour même où la mort est si soudainement arrivée. Monseigneur est venu prier devant la dépouille mortelle, puis il a donné l'ordre qu'un service de *requiem* fût célébré dans l'église du Sacré-Cœur, en reconnaissance des bienfaits de la généreuse protectrice des œuvres catholiques de Genève.

Edouard DUFRESNE.

## Les obsèques de Madame de Mesnard.

(*Patriote de Tarn-et-Garonne*, du 17 semptembre.)

Les obsèques de Madame la Comtesse de Mesnard ont eu lieu ce matin à Montbeton.

Plus de trois mille personnes personnes s'étaient rendues de Montauban dans cette localité, voulant payer un dernier tribut d'admiration à cette femme de bien qui, ainsi que l'a fort judicieusement dit Monseigneur Fiard, fut comme l'incarnation de la charité.

Le temps était spendide.

La petite commune était toute debout, et Dieu sait si les larmes coulaient vite quand on parlait de la bonne dame.

A dix heures, le funèbre cortège s'est formé devant le château, vaste bâtiment d'apparence modeste.

Nous avons remarqué les orphelins et orphelines de Montauban, les enfants des Ecoles chrétiennes de Montbeton, les petites orphelines de l'Asile, sous la conduite des bonnes sœurs de Charité, une nombreuse délégation de l'Institut des Frères de la doctrine chrétienne, plusieurs congrégations de femmes.

Puis venait le corps, porté par des habitants de Montbeton. La bière, recouverte d'un drap de velours noir bordé d'un large galon d'or, était surmontée d'une immense couronne violette, que dominait une croix.

A la suite venaient les métayers de la Comtesse, la société de Sainte-Cécile, dont la bannière était entièrement recouverte d'un crèpe noir ; environ dix-huit draps d'honneur, portés par des habitants de Montbeton et diverses Sociétés et Cercles de Montauban.

Puis le clergé, dans les rangs duquel figuraient les missionnaires du *Sanatorium*, des religieux appartenant à divers ordres : tous les curés de Montauban et leurs vicaires, et un grand nombre de membres du chapitre cathédral.

Puis enfin, la longue file des parents et des amis, parmi lesquels M. de Belcastel, le grand orateur catholique : M. Delbreil, sénateur : M. Jean de Scorbiac ; M. du Bourg, de Toulouse, et la plupart des notabilités catholiques montalbanaises.

Mademoiselle de Mesnard, entourée de quelques dames amies, avait voulu, dans sa piété filiale, accompagner la dépouille de sa mère.

Le cortège a suivi, pour se rendre à l'église, les principales rues du village, au milieu d'une double haie de personnes recueillies et émues, et pendant que les cloches de l'église jetaient dans l'air le triste glas des morts.

La belle église de Montbeton, toute tendue de noir, s'est

trouvée trop étroite pour contenir la foule immense, et c'est à peine si les invités ont pu y pénétrer tous.

La Sainte-Cécile chante la messe à l'unisson pour obéir au désir exprimé par Madame de Mesnard.

C'est M. l'abbé Delpech, supérieur général des Missions étrangères, un grand apôtre, originaire de Saint-Antonin, qui célèbre le Saint-Sacrifice.

Monseigneur Fiard y assiste, entouré de ses vicaires généraux et de ses chanoines.

Après l'Evangile, M. Perdrau, curé de Saint-Etienne-du-Mont, à Paris, qui fut l'ami de la Comtesse de Mesnard, monte en chaire et prononce une oraison funèbre dictée par le cœur.

Il énumère toutes les grandes œuvres accomplies par celle qui n'est plus ; il raconte les traits de sa charité inépuisable ; il nous révèle ses vertus, son extrême modestie, sa répugnance à entendre parler autour d'elle de tout le bien qu'elle faisait.

« Je ne suis, lui disait un jour la Comtesse de Mesnard, que l'économe du bon Dieu ; je remplis le rôle qu'il m'a donné, et le prie de me conserver fidèle jusqu'au bout à ce mandat de confiance. »

On ne pouvait trouver de traits plus délicats pour peindre cette femme de bien.

Après l'absoute, donnée par Monseigneur Fiard, notre évêque a voulu, lui aussi, adresser un dernier adieu à cette grande chrétienne.

C'est au nom du diocèse, dans lequel Madame de Mesnard avait semé avec tant de profusion la manne de sa charité, qu'il a voué une reconnaissance éternelle à celle qui s'associa à toutes les œuvres catholiques, et à laquelle les catholiques n'adressèrent jamais en vain un appel.

Tout le monde s'est associé de cœur à ce solennel témoignage de reconnaissance et d'admiration.

Puis le cortège s'est acheminé vers le cimetière. Là, encore, la foule était compacte, à ce point qu'on a dû fermer les portes et ne laisser pénétrer que les invités.

Le corps a été descendu dans le caveau de famille où reposent les Bellissen et les Mesnard ; — ce caveau est situé dans une vaste enceinte, entourée de cloîtres, qui fait suite au cimetière, et dans laquelle on ensevelit, croyons-nous, les enfants, les vieillards, les prêtres des Asiles frappés par la mort.

C'est au milieu de ceux qui furent ses protégés et ses amis, des pauvres et des deshérités que la Comtesse a voulu reposer.

Les dernières prières dites, le clergé se retire, et M. de Belcastel prend la parole.

Nous avons eu l'honneur de demander au vaillant et éloquent champion catholique le texte de son allocution émue.

Il nous a promis de la reconstituer et de nous la faire tenir.

En attendant que nous la puissions mettre sous les yeux de nos lecteurs, disons que M. de Belcastel a trouvé dans son âme de catholique et dans son cœur d'ami, les sentiments les plus nobles, les idées les plus élevées, et qu'il a exprimé les unes et les autres avec une véritable éloquence.

Pendant qu'il rappelait les vertus de la Comtesse de Mesnard, sa mort sur une terre étrangère, loin des œuvres qui avaient rempli son existence et qu'il adressait à la noble dépouille un adieu tout imprégné d'une consolante espérance, nous avons vu bien des yeux se mouiller.

Des hommes, des femmes, des enfants laissaient échapper leurs sanglots.

N'est-ce pas le plus bel éloge qu'on puisse faire de l'orateur et de celle qui l'inspirait?

A une heure après-midi seulement, la cérémonie était terminée.

En passant devant l'église nous avons aperçu une longue file de pauvres gens, auxquels on allait distribuer 4.000 kilos de pain.

C'est Mademoiselle de Mesnard qui prend la succession charitable de sa mère.

Il n'y a rien de changé à Montbeton.

Il n'y a qu'une sainte de moins.

## Les obsèques de Madame de Mesnard.

(*Courrier de Tarn-et-Garonne*, du 17 septembre.)

C'est pour la quatrième fois que nous prenions hier matin la route de Montbeton. Quatre fois en moins de vingt ans. Comme le temps passe vite!

La première, c'était le jour où le bon Marquis de Bellissen, ayant rendu sa belle âme à Dieu, s'en allait, entouré des orphelines auxquelles il venait de donner un magnifique Asile, reposer du repos éternel dans le sein de Dieu. Et comme aujourd'hui les larmes coulaient de tous les yeux et on se redisait l'admirable charité et les éminentes vertus des vénéré défunt, qui avait supporté avec taut de pieuse résignation les cruelles souffrances des dernières années de sa vie.

Plus tard nous allions à une fête, fête joyeuse de la paroissé toute entière, à laquelle la digne fille du marquis, Madame la Comtesse de Mesnard avait fait un présent royal : la magnifique église dont le hardi clocher, surmonté de la croix rédemptrice, protège le village et la contrée.

Plus tard encore, nouvelle fête : ce clocher, qui portait si haut la croix du Christ, était muet ; Madame de Mesnard lui donnait des voix de bronze pour célébrer dans d'aériens et mélodieux concerts les gloires du Maître de la terre et des cieux.

La dernière étape de ces voyages est celle d'hier, et ces cloches qui nous appellent aujourd'hui, ne lancent pas dans les airs leurs joyeux cantiques : c'est le glas qu'elles sonnent, et ce glas retentit profondément dans les cœurs de cette foule immense qui, de tous les côtés, de toutes les maisons, de tous les sentiers, de toutes les routes, arrive peu à peu, afin de prier pour celle qui n'a eu sur terre qu'une devise : « Aimer le prochain et aimer Dieu. » Cette fois encore l'étape est marquée par une œuvre nouvelle : un magnifique Asile fondé pour recevoir et rendre à la santé les intrépides missionnaires qui reviennent fatigués de leurs apostoliques campagnes.

Donc, pour nous, comme pour la plupart des assistants de la cérémonie d'hier, ainsi que le disait si éloquement l'éminent abbé Perdrau, curé de Saint-Etienne-du-Mont, chaque voyage à Montbeton laisse le souvenir d'une œuvre nouvelle créée pour le soulagement des pauvres, des malheureux par la sainte châtelaine ou par sa famille.

Dès le matin, les foules sont accourues ; les abords de l'église ont été envahis, mais dans ces foules il n'y avait qu'un sentiment. les regrets.

Dans ce magnifique et immense cortège, qui se déroulait sur la route qui contourne le village, quel concert unanime de louanges, quelles explosions spontanées de douleur, quels intimes sentiments de reconnaissance. Les orphelins et les orphelines catholiques de Montauban, tous les ordres religieux, les Frères des Ecoles chrétiennes précèdent le clergé, qui se rend de l'église à l'Orphelinat afin de faire la levée du corps.

La cérémonie est présidée par Mgr l'Evêque de Montauban, assisté de ses deux grands vicaires, ayant à ses côtés MM. les chanoines Soulié; Belbèze, archiprêtre; Limayrac, curé de Saint-Jacques.

Dans le vaste sanctuaire se pressaient un grand nombre nombre d'ecclésiastiques et de religieux de tous les ordres: nous y avons rémarqué MM. les curés de Trèbes (Aude), Bioule, Saint-Jory et Riguepeu, où Madame la Comtesse a des terres: MM. les curés de Saint-Orens, de Saint-Joseph et de Villenouvelle; les R.R. P P. Cormier et Sicard, anciens provinciaux des Dominicains; les Pères Varnier et Jeanjacquot, jésuites, anciens supérieurs du Grand Séminaire de Montauban; le Père Alfred, capucin, frère de Monseigneur Mermillod; le Père Lesserteur, supérieur du *Sanatorium* de Montbeton, et plusieurs missionnaires, M. le Doyen de Montech, etc.

Après la levée du corps, le cortège a continué sa marche.

Le cercueil était placé sur un corbillard tendu de velours noir à franges d'or, timbré des armes de la comtesse, et couvert de couronnes, dont les inscriptions révélaient encore de nombreuses libéralités de la noble dame. Les orphelins et les orphelines de Montbeton et les serviteurs de la maison formaient la garde d'honneur autour du cercueil de leur bienfaitrice.

Mademoiselle de Mesnard, malgré son immense douleur, les fatigues et les émotions de son pénible voyage, avait voulu suivre jusqu'au bout les restes chéris de sa mère.

Elle était accompagnée de ses plus proches parentes. Madame la Marquise du Lyon, la Comtesse de Villèle et Mademoiselle Thérèse de Jumilhac.

Venaient ensnite : la Société Sainte-Cécile, avec sa bannière, don de la Comtesse, présidente d'honneur, et dont un large crêpe voilait les inscriptions: huit draps portés par des ouvriers de Montauban et de Montbeton ; un drap de membres du Cercle des Artistes, les draps des conseils municipaux de Bioule, de Saint-Jory, de Montbeton, la fabrique de l'église, la municipalité de Montbeton. Une députation de Vendéens et M. le Maire de Mesnard.

Le deuil était conduit par M. Henri de Rosanbo, le Marquis du Lyon et le Comte de Jumilhac, neveux de la vénérable défunte ; parmi les autres membres de la famille nous avons reconnu le Comte Anatole de Bellissen, le Baron de Maynard, ancien chargé d'affaires de France en Portugal. M. Henri de Maynard, M. de Belcastel, MM. Henri et Philippe Delbreil, M. Jean de Scorbiac, l'abbé de Scorbiac, MM. Bruno et Guichard de Scorbiac, M. Joseph du Bourg, auxquels s'étaient jointes les notabilités de la région.

Un grand nombre de dames étaient venues aussi de Montauban et des environs pour entourer de leurs sympathiques consolations Mademoiselle de Mesnard.

Le cortège, qui n'occupait pas moins de deux kilomètres de développement, est rentré à l'église, tendue des draperies funèbres, où seuls les membres de la famille, le clergé, les communautés religieuses et les invités ont pu trouver place.

Nous ne redirons pas ici l'émotion que nous avons ressentie sous ces belles voûtes si sveltes, si pures de forme, où l'artiste a, par la beauté des lignes, atteint la perfection de l'art. Laissons-nous écouter ces larges mélodies religieuses de la messe des morts, chantée par la Sainte-Cécile avec un excellent sentiment; et écoutons le dernier hommage qu'un vieil ami de la famille, M. l'abbé Perdrau, adresse d'une voix émue à celle dont il nous retrace avec tant d'éloquente simplicité les œuvres et les mérites.

Nous eussions bien désiré pouvoir donner en entier cette belle page, où l'orateur chrétien nous propose en exemple l'humilité, la bonté affable de la châtelaine, l'inépuisable charité de celle qui avait pour règle de se considérer comme simple dépositaire des biens que Dieu lui avait donnés, la fervente piété et la dévotion éclairée de celle qui fut l'amie de Lacordaire et la sainte femme que tout le monde révérait.

Le discours de M. l'abbé Perdrau a produit une profonde émotion, et les habitants de Montbeton sauront garder le précieux souvenir et les salutaires exemples de celle qui fut la providence de la contrée.

La messe, qui était célébrée par M. l'abbé Delpech, supérieur général des Missions étrangères, finissait à peine, que Monseigneur l'Évêque prenait la parole, et, après s'être félicité, comme Évêque du diocèse, d'avoir vu tant d'œuvres magnifiques éclore autour de lui sous la main de la Comtesse, il a montré l'importance et la haute portée de ces créations. L'âme qui les a conçues et exécutées sera accompagnée devant Dieu par les anges gardiens de ces orphelines, de ces vieillards, de ces pauvres, de ces apôtres venus de l'Orient, et ces œuvres ne se perdront point, car il nous reste la digne coopératrice, la compagne fidèle et la confidente de la Comtesse, sa fille enfin, qui continuera les traditions légendaires de la famille.

Après l'absoute, faite par Monseigneur Fiard, le cortège a repris sa marche et s'est rendu au Cimetière. Là encore, comme partout, la Comtesse a pensé à l'avenir : par une touchante pensée, elle a voulu qu'elle et les siens reposassent au milieu de ceux qu'ils avaient consolés et secourus. C'est pourquoi on a fait une sorte de Campo-Santo dans le Cimetière même, et ce monument, d'une simplicité grandiose, se compose d'un cloître entourant la terre bénie où reposent au centre, dans un mausolée, les cendres du Marquis et de la Marquise de Bellissen, de Madame de Mesnard et autour celles des orphelins et orphelines de l'asile.

Touchante pensée, qui réalise ainsi l'égalité chrétienne devant Dieu.

Lorsque les dernières prières ont été dites, M. de Belcastel a pris la parole. Dans cette langue si pure, si élégante, si académique, mais qui vibre comme une lyre, sous le souffle d'une foi ardente et d'une poignante émotion, M. de Belcastel a adressé un suprême adieu à la Comtesse, dont, à son tour, avec un tact et une délicatesse exquise, il a loué les vertus ; sa péroraison, digne des plus beaux morceaux d'éloquence sacrée, a surtout profondément ému l'auditoire.

Et maintenant que la foule s'est écoulée, après avoir adressé un dernier adieu à cette tombe, et que les malheureux ont pu encore bénir la noble dame au nom de laquelle d'abondantes aumônes ont été distribuées, qu'il nous soit permis, à notre tour, d'ajouter un dernier hommage à cette noble et vénérable figure, dont le souvenir restera toujours dans la contrée comme un grand exemple de foi, d'espérance et de charité.

Ed. F.

---

# NÉCROLOGIE.

(*Bulletin catholique du Tarn-et-Garonne*, du 23 septembre).

Les obsèques de Madame la Comtesse de Mesnard ont eu lieu vendredi dernier. Elles ont donné à toute la contrée l'occasion de manifester en quelle estime et quelle vénération était tenue la noble châtelaine de Montbeton.

Nous ne croyons pas tomber dans l'exagération en disant que près de cinq mille personnes étaient présentes à cette triste cérémonie.

Dans l'immense cortège, où avaient pris place, à la suite des enfants des écoles et des orphelines, les représentants des œuvres fondées ou secourues par la noble défunte, les délégations des diverses Congrégations religieuses de Montauban et des environs, plus de soixante prêtres, de fils de saint Dominique et de saint Ignace, de saint François.....

quel concert d'unanimes louanges et d'unanimes regrets ! que de larmes ! quelle désolation, en particulier chez les anciennes enfants de l'Orphelinat de Bellissen, accourues de partout ! Ce n'était pas seulement la bienfaitrice qu'elles pleuraient ainsi, c'était la mère.

La messe a été célébrée par notre compatriote, M. l'abbé Delpech, supérieur de la Congrégation des Missions étrangères, venu tout exprès de Paris, se joindre à ses Missionnaires du *Sanatorium*. Après l'Evangile, un ami de cœur, M. l'abbé Perdreau, curé de Saint-Etienne-du-Mont, à Paris, est monté en chaire pour faire publiquement de la pieuse Comtesse l'éloge que nos lecteurs trouveront plus loin.

Monseigneur l'Evèque, qui avait tenu chapelle durant la Messe, n'a pas voulu commencer l'absoute sans payer aussi à Madame de Mesnard le tribut de sa reconnaissance pour le bien qu'elle a fait à l'Eglise en général et spécialement à notre diocèse si favorisé. Sa Grandeur n'a dit que quelques mots, mais ces quelques mots exprimaient admirablement les sentiments de tous. Puissent-ils avoir été pour Mademoiselle de Mesnard une consolation à son immense douleur ?

L'inhumation a eu lieu dans le caveau de famille, situé au centre du *Campo-Santo* contigu au cimetière paroissial. Ce *Campo-Santo*, entouré d'un cloître, est destiné à recevoir la dépouille mortelle du personnel des divers établissements religieux fondés par Monsieur le Marquis de Bellissen et par sa vénérable fille. Pensée touchante, que de vouloir ainsi dormir son dernier sommeil au milieu des membres de la famille chrétiennement agrandie, et, au jour béni de la résurrection glorieuse, se réveiller au milieu de ceux qu'on a généreusement aimés, pour paraître, escorté par eux, devant le tribunal du Juge rémunérateur des saintes œuvres !

Le service de neuvaine a été célébré lundi : comme au jour des obsèques, l'église n'a pu recevoir qu'un bien faible partie de la foule. La plupart des prêtres des environs s'étaient encore rendus, apportant de nouveau l'hommage de leurs prières.

Nos lecteurs seront heureux de trouver ici le texte de l'éloge funèbre prononcé par M. le Curé de Saint-Etienne-du-Mont. Avec nous, ils remercieront son auteur de la gracieuseté avec laquelle il a bien voulu le mettre à notre disposition.

## ÉLOGE FUNÈBRE DE MADAME DE MESNARD

PAR M. L'ABBÉ PERDRAU.

En présence de ce cercueil, qui enlève à nos cœurs des joies si douces et si saintes, nous avons besoin de nous rappeler ces paroles de l'Ecriture : *Bienheureux ceux qui sont morts dans le Seigneur, car leurs œuvres les suivent.*

Chère Madame de Mesnard, vous n'aurez pas connu ce que la mort a de plus affreux : Dieu vous a épargné les adieux déchirants et les angoisses de l'agonie : au seuil de l'éternité, vous ne vous êtes pas trouvée seule : vous avez eu pour vous accompagner au tribunal de Dieu le cortège magnifique de vos œuvres. Les Anges de Montbeton, de Mesnard, de Saint-Jory, de Millegrand, de Riguepeu, de Bioule, vous auront suivie, portant en leurs mains les églises que vous avez bâties et ornées : les écoles chrétiennes que vous avez fondées; les Maisons, les Monastères que vous avez relevés; les Maisons, les saints Asiles que vous avez donnés aux pauvres vieillards, aux orphelins, aux prêtres de la sainte Eglise, à tous ceux qui étaient revêtus des livrées de Jésus-Christ. Puis, sont venus les anges gardiens de tous ceux que vous avez secourus et vêtus, et assistés, et exhortés, et consolés; ceux que vous avez rendus meilleurs et plus chrétiens. Puis, toutes les âmes qui déjà vous devaient leur salut éternel, et qui, passées en Dieu, vous attendaient sur l'éternel rivage. Enfin, cette foule innombrable d'œuvres saintes, que Dieu seul connaît, qui sont allées se perdre dans le grand courant de la charité chrétienne, et qui, au au jour de votre entrée au Ciel, ont pris un nom, une forme, une voix pour témoigner que vous avez été sur terre la mère des pauvres, la fille de l'Eglise, la servante très humble de Dieu.

Voulez-vous, mes Frères, que je résume d'un mot la vie de Madame la Comtesse de Mesnard? Elle est toute en ces paroles du Maître : *Tu aimeras le Seigneur ton Dieu de tout ton cœur, de toute ton âme, de toutes tes forces, et tu aimeras le prochain comme toi-même.* Madame de Mesnard aimait Dieu; elle l'aimait jusqu'à la passion. Sans cesse elle pensait à Dieu, elle s'occupait de Dieu, elle s'employait et se dépensait pour Dieu. Jamais elle ne trouvait qu'elle en avait fait assez, ni même qu'elle eût fait jamais quelque chose qui fût digne de Dieu. La pensée de son insuffisance, de son indignité l'occupait toute entière. Cette pensée lui était un voile qui lui cachait le mérite de ses bonnes œuvres, et une lumière qui entretenait au fond de son cœur les sentiments de l'humilité la plus vraie. Je puis le dire en vérité : durant tout le cours de ma vie sacerdotale, je n'ai jamais rencontré une âme qui fût plus foncièrement, plus simplement, plus parfaitement humble. Pendant les trente années que j'eus l'honneur d'être son ami, je passai mon temps à la rassurer, à la relever à ses propres yeux ; avec David, elle répétait souvent ces paroles qui disaient son âme entière : *O mon Dieu, je suis comme un néant devant vous ! Tanquam nihilum ante te.*

Il semblait qu'elle fût obligée au bien qu'elle faisait de si bonne grâce. « Si Dieu m'a donné, me disait-elle, c'est pour que je donne ; je suis son économe, son mandataire ; qu'il lui plaise de me rendre fidèle ! » Je ne l'ai jamais entendue dire : « Mon œuvre, mon orphelinat, mon école de tel ou tel pays. » Elle se regardait comme la préposée de Dieu : « Dieu, me disait-elle encore, n'a jamais permis que les œuvres que j'ai pu faire me fussent de quelque espérance pour le Ciel ; je ne puis sortir de la vue de mon indignité ; j'ai la conviction que je ne fais pas l'œuvre du bon Dieu, mais que je la gâte.

En ce beau jour de la consécration de cette église, où vous assistiez, Monseigneur, votre éminent Collègue, le Cardinal de Toulouse, je remarquai que, pendant toute la cérémonie, Madame de Mesnard était comme perdue et abîmée en Dieu. Le soir, je lui demandai à quoi elle avait pensé : « Oh ! mon cher ami, me dit-elle, j'ai passé tout le temps à me redire : Eh quoi ! est-il donc possible que Dieu m'ait choisie pour lui élever une église ? Il y avait tant d'âmes autour de moi qui en étaient plus dignes. » Et moi je vous dis, ô mon Dieu : « C'est Madame de Mesnard que vous avez choisie, parce que toujours vous regardez l'humilité de vos servantes. *Respexit humilitatem ancillæ tuæ.*

Il ne faut pas croire que Madame de Mesnard en soit arrivée là du premier jour. *Le royaume de Dieu a souffert violence* pour elle comme pour les autres; comme les autres, elle l'a emporté de haute lice.

Le monde s'était présenté devant elle dans toute la majesté et la séduction de ses pompes. Par son mariage avec Monsieur le Comte de Mesnard, elle s'était vue transportée en pleine Cour de Sa Majesté le Roi Charles X. Son Altesse Royale Madame la Duchesse de Berry l'avait admise dans son intimité; elle était de tous les honneurs et de toutes les fêtes. Mais déjà elle aimait Dieu d'un amour trop sincère pour se laisser attacher ces bagatelles. Aussi, lorsqu'elle vit l'édifice de ces grandeurs terrestres s'écrouler en un jour, comme un château de cartes, elle conçut une telle idée de la vanité des choses d'ici-bas, qu'elle ne les regarda jamais plus.

Bientôt Dieu lui fit une autre grâce : elle rencontra sur sa route le Révérend Père Lacordaire, qui rétablissait alors l'Ordre des Frères Prêcheurs. Le monde ne voyait en lui qu'un prince dans l'art de bien dire: les âmes d'élite distinguèrent, sous le froc, un saint religieux, grand amateur de la croix, qui apprenait à ses contemporains ce que c'était que de vivre à l'apostolique. Madame de Mesnard se sentit attirée par cette vertu lumineuse et mâle; elle lui confia son âme, non pas comme font tant d'autres, qui ne voient dans leur directeur qu'un guide à qui on dit d'avance par quels chemins on veut passer, mais bien comme un maître qui aura toute autorité sur vous pour vous conduire dans la voie étroite, *arcta via,* la voie des saints. Madame de Mesnard me l'a souvent répété : « C'est le Père Lacordaire qui m'a convertie à la vie chrétienne ; il me l'a montrée dans sa vérité et son austérité. »

Il faut que les leçons qu'il lui donna aient été rudes, pour qu'elles se soient imprimées dans l'âme de Madame de Mesnard à une telle profondeur.

Qui a été plus pauvre qu'elle au milieu des richesses ? Qui a su mieux qu'elle se passer de tout, ayant tout à sa portée ? Qui a embrassé de plus près la croix, la pénitence de la croix, dans une vie qui ne laissait pas d'être la vie d'une femme au milieu du monde ? Le Révérend Père ne lui permettait aucun achat au-delà du nécessaire : elle devait user en toutes choses de ce qu'il y a de plus simple ; ne jamais sacrifier ni au luxe, ni au confortable, ni à l'inutile. Tout ce qu'elle ne dépensait pas devait être rigoureusement distribué aux pauvres. Madame de Mesnard accomplissait à la lettre le conseil de l'Evangile. Si elle ne vendait pas son bien pour le donner aux pauvres, elle le gardait pour eux, elle le régissait en leur nom. Elle demeurait, au milieu des richesses, pauvre d'esprit, pauvre d'habitudes. Comme le canal qui fait passer l'eau de la source sans en rien retenir, Madame de Mesnard faisait passer aux autres ce que Dieu leur donnait par ses mains. C'était une religieuse au milieu du grand monde.

C'était en 1857, à Hyères, que j'eus le bonheur de connaître Madame la Comtesse de Mesnard. J'étais fort malade en ce temps-là ; Madame de Mesnard me mit au nombre de ceux à qui elle faisait du bien ; elle me soigna comme une Sœur de charité. Depuis lors, nous ne nous sommes jamais

4

séparés, du moins de pensée et de prière. Toutes les fois qu'elle eut à supporter les coups de l'épreuve, j'accourus souffrir avec elle. C'est en mes bras qu'un vendredi, à trois heures, est mort Monsieur le Comte de Mesnard, son mari, le Crucifix sur les lèvres, comme un bon chrétien, comme un bon Vendéen qu'il était. J'assistai à l'agonie de Monsieur le Marquis de Bellissen, le fondateur de votre bel Orphelinat. Je suivais, avec Madame la Comtesse, le cercueil de Madame sa mère, enlevée si rapidement à son affection.

A mesure que Madame de Mesnard entrait dans la fortune de ses pères, ses aumônes devenaient plus nombreuses et plus grandes. On s'adressait à elle de toutes parts, parce qu'on savait que sa charité était inépuisable. En bonne économe de la Providence, elle donnait incessamment, beaucoup et sans bruit. Déjà, depuis des années, elle avait initié sa très chère, sa très aimée fille, Mademoiselle de Mesnard, à tous les secrets de sa charité ; elles faisaient le bien ensemble ; leurs âmes s'étaient confondues en un même amour de Dieu et du prochain ; chacune d'elles pouvait dire de l'autre ce que disaient David et Jonathas : *Dimidium animæ meæ. C'est la moitié de mon âme !*

Je prenais plaisir, chaque année, à les voir arriver à Paris. Bientôt le salon, l'antichambre, le vestibule de l'escalier étaient encombrés de caisses et de ballots de toutes sortes. Tout cela, c'était pour les chers pauvres de Jésus-Christ. Elle eût pu faire faire ces emplettes, mais Madame de Mesnard ne voulait rien perdre du mérite qu'elle acquérait à courir les magasins durant des journées entières.

Elle fut une fois bien récompensée, et comme elle aimait à l'être. Elle était assise à un comptoir avec sa fille. Il s'agissait de vêtements d'hiver pour ses orphelines. On lui présentait plusieurs genres d'étoffes, et comme elle hésitait, le commis fit l'étourderie de lui dire : « Je vois ce qu'il vous faut, prenez ces pièces ; vous en aurez plus de débit dans votre clientèle. » Quelle parole pour notre amie ! Jugez donc ! on l'avait prise, une fois dans sa vie, pour une femme qui gagne son pain. Pour moi, j'excuse le jeune homme : il ne savait pas ce que c'était qu'une grande dame.

Madame la Comtesse de Mesnard avait beau se faire petite et se cacher sous les abords de la modestie la plus simple : précisément sa modestie si parfaitement simple, la douceur de sa voix, la tranquillité de sa démarche, une grâce digne et noble qui émanait de sa personne, tout faisait de notre vénérable défunte une des grandes dames de ce temps. Mais que fais-je ? Je m'attarde à jeter des fleurs sur ce cercueil : le temps nous presse.

Je rappellerai cependant encore un des beaux jours de cette église, qui suivit celui de sa consécration. Vous souvenez-vous, habitants de Montbeton, de ce dimanche où nous fîmes l'installation de votre beau Chemin de Croix ? Je vous vois encore portant sur vos épaules les stations qui le composent : vous aviez l'air de Cyrénéens occupés à aider Jésus montant au Calvaire. Madame de Mesnard voulait aussi porter sa station, mais ses bras trop délicats n'en avaient pas la force.

C'étaient ses chères orphelines qui soutenaient pour elle l'image sainte. Elle la touchait de ses mains ; son visage était resplendissant de piété ; on eût dit sainte Véronique essuyant le visage ensanglanté de Jésus. Il passait devant elle comme des apparitions du ciel : je fus profondément touché en la regardant; j'eus le pressentiment que le temps de son départ pour l'éternité approchait.

Depuis lors, en effet, elle ne fit que décliner ou plutôt se rapprocher de Dieu. Dieu ne lui donna plus qu'une seule joie sur la terre : ce fut l'établissement du *Sanatorium.*

Elle m'en parla à plusieurs reprises dans la dernière visite que je lui fis ici. Elle était tout heureuse de servir des prêtres et de recueillir leurs prières, sans avoir à redouter aucune ombre de responsabilité. Le *Sanatorium* fut pour elle l'hôtellerie d'Emmaüs. Au déclin de son jour, à l'aproche de sa nuit, Jésus lui apparaissait une dernière fois sous une autre image. Elle le reconnaissait dans la personne de ses apôtres.

Dieu jugea que son temps était venu; il ne retarda pas davantage son départ pour le Ciel. Providence singulière! Elle qui avait été si pauvre, si étrangère à ses propres richesses et au monde, elle est morte ailleurs que chez elle et, pour ainsi dire, sur le grand chemin du monde. Jusqu'à la fin, elle imita Jésus pauvre : lui aussi, il est né sur un chemin; il est mort en dehors des portes de sa cité.

Et maintenant nous allons prier pour elle; les meilleurs ont encore besoin de prières. Le vénérable Supérieur des Missions étrangères va célébrer la sainte Messe à son intention, et après que Monseigneur l'Evêque de ce diocèse, qui a pris au deuil de ces tristes jours une part si large, si paternelle, aura répandu ses parfums et les eaux lustrales de l'Eglise sur ce cercueil vénéré, nous irons le déposer dans sa dernière demeure !

Habitants de Montbeton, veillez sur ce trésor. Nous tous, les amis de Madame de Mesnard, nous vous le confions : ce dépôt sacré est la gloire et la sauvegarde de votre pays, Vous êtes des enfants privilégiés de Dieu, puisqu'il vous donne de génération en génération des maîtres si admirablement charitables : Madame la marquise de Bellissen, la mère de Monsieur le Marquis, que les plus vieux d'entre vous peuvent avoir connue ; Monsieur le Marquis, que vous appeliez votre bon maître : sa fille, Madame la Comtesse de Mesnard, que nous pleurons aujourd'hui, et encore, pour demain, sa fille, Mademoiselle de Mesnard, à qui sa mère a légué ses bontés et son cœur. Si jamais vous entendiez un de vos enfants répéter devant vous une de ces basses injures que parfois la foule adresse aux riches et à ceux qui commandent, vous les mènerez au tombeau de Madame de Mesnard et vous leur direz : Celle qui repose ici fut la mère de tous les pauvres, l'ange visible de notre paroisse ; tout ce que Dieu lui donnait, elle le donnait aux pauvres pour l'amour de Dieu.

# DISCOURS

PRONONCÉ PAR MONSEIGNEUR L'ÉVÊQUE DE MONTAUBAN.

NOS TRÈS CHERS FRÈRES,

Il appartenait à M. le Curé de Saint-Etienne-du-Mont d'élever la voix dans cette douloureuse circonstance. Cette grande assemblée avait besoin qu'on lui parlât de celle qui est l'objet de nos regrets et de nos larmes. Or, nul autre ne pouvait nous retracer dans un langage plus fidèle la noble et sainte vie de Madame la Comtesse de Mesnard; car nous savons quels liens étroits, quels rapports intimes unissaient dans le Seigneur ces deux âmes si bien faites pour se comprendre et s'inspirer mutuellement la plus profonde estime et la plus légitime affection.

Aussi, j'en suis bien convaincu, N. T. C. F., vous remerciez tous avec moi ce membre éminent du clergé de Paris, d'avoir soulevé le voile sous lequel une modestie toujours attentive s'était appliquée à nous cacher tant de vertus admirables.

Mais il me semble qu'à son tour l'Evêque de Montauban a le devoir d'apporter devant ce cercueil un hommage public et solennel de respect et de reconnaissance : cet hommage, je l'apporte au nom du diocèse qui fut la résidence habituelle de Madame la Comtesse de Mesnard, et dans lequel sa charité a opéré les merveilles que nous avons sous les yeux : cette église, dont les tentures funèbres ne parviennent pas à voiler la splendeur ; un Orphelinat dont les proportions dépassent tous les établissements du même genre ; l'Asile ouvert aux pauvres vieillards, deux écoles ouvertes aux enfants de la paroisse de Montbeton ; puis ce *Sanatorium* ouvert aux invalides de *l'apostolat* catholique, magnifique couronnement des inventions du génie de la charité. Pourrions-nous ne pas regarder comme une des meilleures bénédictions de Dieu, le privilège d'avoir possédé au milieu de nous cette âme qui fut la personnification vivante de la charité, et dont les bienfaits se sont multipliés en quelque sorte avec les jours de sa vie ? Rares sont les paroisses, rares les diocèses qui ont sous les yeux le spectacle de telles œuvres et l'édification de tels exemples !

Habitants des paroisses de Montbeton, Bioule, Mesnard, Riguepeu, Saint-Jory, Millegrand, vous garderez le souvenir de Madame la Comtesse de Mesnard, comme on garde dans une famille le souvenir d'une mère bien aimée. Vous vous montrerez toujours empressés et jaloux d'environner sa mémoire de tous les meilleurs sentiments que le respect et la reconnaissance peuvent inspirer à des cœurs chrétiens. Commençons dès aujourd'hui à acquitter la dette que nous imposent tant de bienfaits. Unissons nos plus ferventes prières pour demander à Dieu qu'il daigne introduire sans retard cette chère âme dans le séjour des saints et lui donner la récompense qu'elle a si bien méritée et par la foi et par les œuvres.

Ah ! si l'Esprit-Saint a dit : « Heureux les morts qui meurent dans le Seigneur » (1). Ne pouvons-nous nous écrier aussi : heureuses les âmes qui vont au tribunal de Dieu avec le cortège qui a accompagné celle que nous pleurons ! Au moment où cette âme paraissait devant le souverain Juge, il me semble voir se renouveler la scène si touchante qui nous est racontée au Livre des Actes : (2) Saint Pierre évangélisait la ville de Lyda en Galilée. Or, près de là, dans la ville de Joppé, vivait une veuve appelée Tabithe. Cette veuve, dit le texte sacré, était pleine de bonnes œuvres et d'aumônes, *Erat plena operibus bonis et eleemosynis*. Elle vint à mourir, et aussitôt les fidèles de Joppé, qui avaient été témoins des miracles opérés par lesa pôtres, s'empressent d'appeler saint Pierre, espérant qu'il rendrait la vie à leur bienfaitrice. L'apôtre arrive à la maison de Tabithe, et il trouve là, réunie, une assemblée de pauvres qui se jettent à ses pieds en pleurant et en lui montrant les vêtements et les tuniques qu'ils avaient reçues de la charitable veuve, *flentes et ostendentes tunicas et vestes quas faciebat illis*. L'apôtre fut touché, il s'agenouilla et sa prière rendit aux pauvres Tabithe ressuscitée.

Ah ! celle que nous pleurons n'était-elle pas aussi pleine de bonnes œuvres et d'aumônes, *plena bonis operibus et eleemosynis*. Et lorsqu'elle est arrivée au tribunal de Dieu,

(1) Apoc., XIV, 13.

(2) Act., IX, 36.

ne croyez-vous pas qu'une légion d'anges est venue se presser autour d'elle, et que, s'adressant au souverain Juge, ils lui disaient tour à tour : Seigneur, vous nous avez confié la garde de vos sanctuaires, et nous rendons témoignagne que cette âme fut toujours dévorée du zèle de votre maison. Elle vous a bâti des temples magnifiques, elle en a restauré un grand nombre, elle en a enrichi d'autres des ornements les plus précieux.

Seigneur, vous nous avez établis protecteurs de vos orphelins, et nous avons vu cette âme se faire la mère de ceux qui n'en avaient pas ; elle les adoptait pour ses enfants, et ne cessait de leur prodiguer tous les soins, tous les dévouements de l'amour maternel.

Seigneur, il est incalculable le nombre de ceux à qui son inépuisable charité a procuré le bienfait d'une éducation chrétienne, de cette éducation qui apprend aux enfants à vous connaître, à vous aimer, à vous servir, de cette éducation qui donne à la société des membres vertueux et à votre Eglise des serviteurs fidèles.

Seigneur, avec quel zèle elle travaillait à la propagation de votre Evangile par les secours sans nombre qu'elle ne cessait de verser dans les mains de vos missionnaires. Puis, quand ces apôtres avaient vieilli, quand ils avaient épuisé leurs forces dans les labeurs du saint ministère et dans les souffrances des persécutions, ils trouvaient encore auprès d'elle la plus douce, la plus généreuse, la plus touchante hospitalité.

Et maintenant, Seigneur, nous vous demandons pour cette âme la récompense que vous avez promise à ceux qui vous auront adopté, protégé, consolé dans la personne de vos enfants, de vos pauvres, de vos apôtres.

Oui, N. T. C. F., prions avec ferveur et confiance pour le repos de cette âme si pleine de bonnes œuvres et d'aumônes. Le Seigneur, n'en doutons point, aura un jugement favorable et miséricordieux pour celle qui fut au milieu de nous un si grand modèle de miséricorde et de charité.

Mais, en même temps que nous unirons nos prières à l'intention de Madame la Comtesse de Mesnard, nous n'oublierons point celle qui fut pendant tant d'années la compagne de sa vie, la confidente de ses pensées, l'imitatrice de ses vertus, la coopératrice de ses œuvres. Fille et héritière d'une telle mère, nous savons qu'elle n'aspire qu'à continuer ses pieuses et saintes traditions. Mon Dieu, prenez pitié de la douleur qui l'accable à cette heure. Adoucissez, par l'onction de votre grâce, les déchirements de ce cœur si rempli de piété filiale. Conservez à vos orphelins, à l'éducation de l'enfance, à la protection des vieillards, aux infirmités de vos saints missionnaires, conservez à toutes les Œuvres de charité et d'édification, cet ange tutélaire sur lequel reposent tant d'espérances et que nous voulons environner de tous nos respects et de tous nos vœux.

Quant à nous, N. T. C. F., nous avons à recueillir de cette cérémonie un grand et salutaire enseignement. Nous nous rappellerons que la charité, dont l'image nous apparait planant au-dessus de ce cercueil, est la première, la plus excellente de toutes les vertus chrétiennes. Elle purifie les âmes, elle les enrichit des mérites les plus précieux, les plus durables. Elle leur ouvre le ciel, elle leur assure la possession de ces joies éternelles qui doivent être le terme de toutes nos aspirations, et que je vous souhaite au nom du Père, et du Fils, et du Saint-Esprit. Ainsi-soit-il.

# DISCOURS

## PRONONCÉ PAR M. DE BELCASTEL.

Ce n'est pas un discours que je viens prononcer sur la Comtesse de Mesnard, la grande bienfaitrice ; c'est le simple élan du cœur, au nom de la famille en deuil.

De discours ? peut-il y en avoir, après les grands enseignements sacrés que vous venez d'entendre ? et que peut-on dire, qui ne soit mille fois mieux gravé au fond de toutes les âmes, confondant ici leurs prières dans une même effusion de douleur, de respect, d'amour, de reconnaissance et d'admiration ?

Où est, en effet, parmi vous, le cœur qui n'ait senti dans celle qui a passé ici-bas comme un rayon de la Providence, aujourd'hui remonté à son foyer natal, les dons les plus exquis de la nature, bonté sans mélange, grâce et sérénité inaltérables, intelligence supérieure, distinction souveraine ?

Quelle est l'âme s'approchant de la sienne qui n'ait comme respiré le parfum surnaturel de la sève divine dont elle était nourrie, charité sans bornes, délicatesse de conscience d'une idéale pureté, foi vive à transporter les montagnes, faim et soif insatiables de la justice et du règne de Dieu ?

Quel est celui qui n'ait vu ses œuvres, durant cette longue et trop courte carrière, se succéder sans relâche, sous toutes les formes et sous tous les cieux où elle vivait, depuis les bancs de l'école chrétienne qu'elle se plaisait à multiplier, jusqu'à ces flèches, surmontées de la croix, qui portent si avant dans le ciel son culte pour la gloire de Dieu ?

Aussi, ne parlerai-je ni d'elle, ni de ses œuvres, ni de ses vertus. Mais, je vous en conjure, vous tous qui avez été les témoins ou les fruits de ces vertus, aujourd'hui fleurons vivants de sa couronne, prêtez-moi vos sentiments et votre cœur pour lui dire, en votre nom, le mot d'affection profonde que vous étouffez dans vos sanglots.

Ah ! que les desseins du ciel sont impénétrables ! Cette fondatrice de tant de Maisons sur le sol traditionnel de ses aïeux, cette châtelaine accomplie, selon le monde, comme aux regards de Dieu, de tant de nobles demeures..., il semblait qu'elle dût mourir au sein de ses familles, naturelle aussi bien qu'adoptive, entourée de leurs prières, de leurs adieux, de leurs bénédictions, avec la visite solennelle du divin Maître qu'elle avait servi comme Marthe et qu'elle avait aimé comme Marie ! Eh bien ! ce Sauveur adorable, qui n'eût pas sur terre un toit où reposer sa tête, a voulu qu'elle expirât sur la terre étrangère, sous un toit étranger. Il a pris dans l'ombre son dernier soupir, ne laissant pour témoin que son inséparable fille, dérobant au monde, avec les dernières clartés de sa vie terrestre, les premières aurores de la vie céleste rayonnant sur son front. Mais ce Dieu infiniment bon veut aussi ces grandes funérailles, revanche superbe de sa mort cachée : — il nous permet à tous d'avoir avec elle ce suprême entretien.

Prêtres, ministres de l'Eglise, dont elle fut la filiale servante vous qui fûtes les instruments de ses œuvres et les avez bénies ;

Héroïque missionnaires, qui avez versé votre sang pour Jésus-Christ sur les plages lointaines ; vous pour qui elle s'est plu, dans ses derniers jours, à bâtir une Maison de réconfort pour vos saintes fatigues ;

Religieuses dévouées qu'elle choisissait entre toutes pour être, avec elle, collaboratrices de la Providence à l'égard des ignorants, des petits et des abandonnés ;

Orphelines, dont depuis tant d'années elle était la mère si tendre, et qu'après avoir abritées sous son toit hospitalier, elle ne cessait de suivre dans la vie, du regard et du cœur ; vous dont la fidélité en deuil est pour vous comme pour elle un double honneur; Frères des Ecoles chrétiennes, bienfaiteurs de l'enfance française, aujourd'hui victimes d'une ingrate persécution, qui, partout où elle possédait une motte de terre, trouviez pour vous une oasis :

Enfants de tant de communes, qui lui devez l'instruction religieuse et la préservation de votre foi ;

Pauvres, qui receviez d'elle une aumône avec une grâce qui en rehaussait le prix ; cœurs affligés, qu'elle consola : conciences qu'elle édifia par des entretiens qui tenaient plus du ciel que de la terre ; parents de tous les degrés, pour qui son esprit de famille était toujours si large et si ouvert ;

Et vous, fille broyée par l'épreuve, mais à la hauteur de l'épreuve par votre courage, fille digne de votre mère, — car, dans ce vis-à-vis sublime d'une dignité se couvrant sans cesse d'une auréole nouvelle et comme royale, par le rayonnement de ses bienfaits, et d'une humilité se faisant sans cesse plus petite et plus pauvre, — on ne sait vraiment laquelle des deux était plus haute dans la sainteté ; tous, unissons-nous pour dire à celle que nos pleurs glorifient, l'adieu du temps et lui donner le rendez-vous de l'éternité.

Grande âme chrétienne, séparée de ce corps corruptible jusqu'à l'heure de la résurrection, mais âme immortelle et plus vivante que jamais, adieu sur la terre où vous avez fait le bien, au revoir dans le ciel, où déjà vous en avez la récompense.

*Adieu* sur cette terre de misère, où ceux qui s'aiment se voient souffrir et mourrir ; — au revoir dans l'éternité où le bonheur s'accroît sans cesse du bonheur des êtres aimés, et où ceux qui s'aiment ne se quittent jamais.

*Adieu* sur cette terre de péché, où l'on subit le tourment de la vérité captive, de la justice méconnue et de Dieu outragé ; — *au revoir* dans l'éternité, où la justice règne d'un bout de l'univers à l'autre, où le Christ, vainqueur, resplendit dans sa gloire.

*Adieu* sur cette terre, où Dieu n'apparaît que par images, et comme à travers un énigme ; — *au revoir* éternel, où voyant Dieu face à face, avec vous, nous contemplerons la beauté infinie dont vous fûtes éprise, et à laquelle aujourd'hui vous êtes unie pour toujours.

# NÉCROLOGIE.

(*Galignani's Messenger*, 1 october.)

The Countess Ferdinand de Mesnard, whose death at Geneva we have already announced, was the daughter of the Marquis de Bellissen, and of the Marchioness (*née* de la Gallissionnière). In 1829 she married the son of Count Charles de Mesnard, who was a companion in exile of the Duke de Berry. Here we may note, as a characteristic trait of the Duke of Wellington, that when he gave a dinner at Toulouse, on the conclusion of the peace, he insisped upon the Marchioness de Bellissen and the Marchioness de Mauléon occupying the chief seats of honour as the descendants of Admiral de la Gallissonnière, who had gained a victory over Admiral Byng in 1754.

# NÉCROLOGIE.

( *Année Dominicaine*, octobre 1887.)

Madame la Comtesse de Mesnard est morte subitement à Genève le 10 septembre.

A peine mariée, Madame de Mesnard prit sa place à Paris dans cette société à la foi si aimable et si sérieuse qui se réunissait autour de Madame de Swetchine. C'est là qu'elle connut le Comte Armand de Melun, qui l'initia à ce mouvement d'Œuvres de charité dans lequel plus tard elle devait entrer elle-même avec une si éminente générosité. Ce fut Madame de Swetchine qui lui fit connaître le Père Lacordaire ; elle ne tarda pas à se placer sous sa direction. Belle, aimable, spirituelle, Madame de Mesnard avait tous les dons pour réussir dans le monde : elle voulut appartenir au tiers-ordre de Saint-Dominique, et, sous l'impulsion de l'illustre religieux, elle entra dans les voies humbles et austères de l'ascétisme chrétien.

Cette direction amena une correspondance qui dura jusqu'à la fin de la vie du Père Lacordaire. Ceux qui ont pu être admis à lire quelques-unes de ces lettres savent que le conférencier de Notre-Dame n'a rien écrit de plus élevé. On sait que jamais il ne s'est revélé avec plus de beauté que dans ses lettres spirituelles ; à ce point de vue, la correspondance du Père Lacordaire avec Madame de Mesnard pouvait être placée auprès de celle de Madame de Swetchine ; mais elle est d'une nature trop intime pour être publiée.

Madame de Mesnard fut dévouée à toutes les œuvres dominicaines. Elle participa aux nombreuses fondations qui ont si rapidement caractérisé l'expansion de l'Ordre ressuscité par le Père Lacordaire. Elle a mérité que la famille Dominicaine lui fasse une large part dans ses prières et lui paye un juste tribut de reconnaissance.

---

# Les obsèques de Madame de Mesnard.

(*Petite Gironde*, octobre.)

Dernièrement a eu lieu à Montbeton, près Montauban, l'enterrement de la Comtesse Ferdinand de Mesnard, née de Bellissen, et arrière-petite-nièce de l'amiral de la Galissonnière. Mademoiselle de Bellissen avait épousé, en 1829, le fils du Comte de Mesnard, premier écuyer de S. A. R. Madame la duchesse de Berry, qui donna à la famille royale des preuves d'un si admirable dévouement. La charité de Madame de Mesnard était à la hauteur de sa grande fortune ; un asile pour les vieillards et un Orphelinat de jeunes filles ont été créés par elle à Montbeton, dont elle a rebâti l'église, ainsi que celle de Mesnard (Vendée); elle soutenait plusieurs écoles libres, et sa charité secourait d'innombrables infortunes.

La comtesse de Mesnard laisse une fille unique, Mademoiselle Caroline de Mesnard, filleule de Madame la duchesse de Berry et du roi François Ier des Deux-Siciles, qui continuera les Œuvres de sa sainte mère. Cette mort met en deuil les familles de Bellissen, de Mesnard-Maynard, de Mauléon, de Villèle, de Rosanbo, de Jumilhac, de Vaugelas.

## NÉCROLOGIE.

(*Journal de Paris* du 18 septembre 1887).

Une noble existence vient de s'éteindre : Madame Flora-Elisabeth, comtesse de Mesnard, fille du marquis de Bellissen et d'Amélie-Thérèse de la Galissonnière, est décédée dans sa 80e année, le 10 de mois, à Genève.

C'est d'elle surtout que l'on peut dire : elle a passé en faisant le bien. Il nous serait difficile de connaître et d'énumérer toutes ses œuvres, puisque sa main gauche les cachait même à sa droite. Mais il en est que son humilité ne pouvait mettre sous le boisseau : ce sont les églises et les chapelles érigées par elle, les ouvroirs et les orphelinats fondés autour d'elle pour l'infortune. — « Je veux être au milieu de mes pauvres, disait-elle naguère, afin qu'ils m'entourent quand je paraîtrai devant Dieu et que je puisse à leur faveur, me glisser dans le ciel. »

Et nombreuse était sa famille d'élection aux quatre vents du royaume, dans l'Aude, le Tarn-et-Garonne, à Paris, en Vendée.

Elle projetait de visiter encore ces stations de sa charité : pour en avoir la force, elle avait voulu respirer l'air vivifiant de la Suisse qui devait réconforter sa poitrine oppressée.

Mais la Providence dans ses dessins impénétrables lui réservait la suprême épreuve de mourir loin des lieux témoins de ses inépuisables largesses, hors de sa patrie si aimée.

Peut-être était-ce pour lui ménager un trait de ressemblance avec celui, qui après Dieu, avait été son culte sur la terre et dont elle était allée, malgré son âge et sa fatigue, couvrir le cercueil de pleurs à Frohsdorf. C'est que l'exilé du beau pays de France était non-seulement son roi, mais le fils de cette autre Marguerite d'Anjou qu'elle admirait, de la duchesse de Berry, dont le comte de Mesnard avait eu l'honneur d'être l'écuyer, et qu'il avait essayé de sauver à Nantes, de la plus infâme des trahisons, depuis celle de Judas, le prototype de cette époque exécrable.

La comtesse de Mesnard aura, elle aussi, au tribunal de Dieu, son cortège d'avocats, la foule de ses pauvres, qui l'ont précédée et qui entourant son âme si généreuse, l'ont certainement portée aux pieds du Seigneur dont la miséricorde récompense jusqu'au verre d'eau donné en son nom.

Que Mademoiselle Caroline de Mesnard veuille bien agréer l'expression de notre respectueuse condoléance !

Gustave de ROLLAND.

## LE SERVICE FUNÈBRE A SAINT-JORY.

Saint-Jory, jeudi 13 octobre 1887.

On nous écrit de Saint-Jory :

Le 13 octobre la paroisse de Saint-Jory était en deuil à l'occasion du service célébré pour le repos de l'âme de Madame la Comtesse de Mesnard, née de Bellissen, descendante d'une des plus anciennes familles de notre région et dont nous avons annoncé la mort le 10 septembre.

La vie de cette noble et généreuse dame a été tout entière consacrée aux bonnes œuvres. Saint-Jory, pour sa part, a reçu d'elle trois écoles catholiques libres, et la population toute entière, augmentée d'un grand nombre d'habitants des communes voisines, s'était fait un devoir de donner un témoignage public de reconnaissance en s'associant à la douleur de Mademoiselle de Mesnard en cette circonstance solennelle.

La famille de Madame la Comtesse de Mesnard était représentée par Mademoiselle de Mesnard, héritière de son nom, de ses vertus et de ses œuvres de charité; par Madame la Comtesse de Villèle, par Madame la Marquise et M. le Marquis du Lyon, dont le nom rappelle Mgr Pierre du Lyon, archevêque de Toulouse au XVe siècle.

Au premier rang des nombreux assistants se tenaient M. le Maire et les Conseillers municipaux de Saint-Jory. On remarquait aussi M. le Chanoine Raynaud et M. le Curé de Fronton ; le R. P. Cormier, prieur des Dominicains, accompagné d'un religieux de son ordre ; M. le Supérieur du *Sanatorium* de Montbeton et deux de ses confrères, dont l'un fait partie de la mission de Mytho en Cochinchine, avec notre compatriote M. Moulins. Mais ce qui donnait un caractère tout particulièrement solennel à la cérémonie funèbre, c'était la présence de Son Eminence Mgr le Cardinal de Toulouse qui voulut donner ce dernier témoignage de haute estime et de profonde sympathie à la noble défunte.

M. le curé célébra la grand'messe. Dans les intervalles laissés par les chants liturgiques, des symphonies funèbres furent exécutées par l'*Harmonie de Saint-Jory*. Ensuite, M. le curé, en manteau de cérémonie, parut en chaire, et d'une voix forte et émue, il lut l'éloge funèbre suivant :

« Eminence,

« Mes Frères,

« Ce n'est pas sans éprouver une émotion profonde que

je parais en ce moment dans cette chaire, pour vous parler de Madame la Comtesse de Mesnard, la généreuse bienfaitrice de cette paroisse. Il serait, en effet, bien téméraire à moi d'oser ajouter même un seul mot d'éloge aux éloquents discours de ces vrais maîtres de la parole et de l'éloquence, qui ont si bien dit, il y a peu de jours encore, et ses vertus et ses mérites, si je ne me sentais la nécessité d'obéir à un besoin du cœur tout-à-fait impérieux. Et puis, de même que le roi prophète, pour louer plus dignement le Seigneur, après avoir invoqué le secours des créatures les plus majestueuses ne dédaignait point d'appeler encore celui des êtres les plus petits de la création, peut-être aussi que la grande âme de celle que nous pleurons voudra bien entendre là haut, au Ciel, où elle règne aujourd'hui, après les grandes voix de ces hommes autorisés, la voix très humble d'un modeste curé de campagne.

« Hé bien ! non, mes frères, il n'est pas possible au Pasteur de cette paroisse de laisser arriver la fin de cette imposante cérémonie sans venir dire tout haut, ici, sur cette chaire, ce que nous éprouvons tous, habitants de Saint-Jory, en face de ce monument funèbre, qui nous rappelle d'une manière si sensible la perte douloureuse de notre insigne bienfaitrice, Madame la Comtesse de Mesnard. Non! certes, il n'est pas possible que nous gardions le silence en cette circonstance solennelle, ici, sur cette terre, objet privilégié de ses faveurs et de ses bontés, nous, sur qui sa main bienfaisante s'est ouverte avec tant de largesse et au dévouement de laquelle nous devons ces deux magnifiques et florissantes institutions de frères et de sœurs, qui feront désormais l'orgueil de notre paroisse, parce qu'elles assurent à nos enfants la persévérance, ailleurs tant menacée aujourd'hui dans la Foi et la Religion de leurs pères.

« Je n'essaierai point de vous donner ici, mes frères, l'oraison funèbre de Madame la Comtesse de Mesnard ; cela n'a pas été mon intention, et puis, je ne suis monté dans cette chaire que pour laisser uniquement échapper de mon cœur le cri de la reconnaissance en mon nom et au nom de de mes bien aimés paroissiens. La vie de Madame la Comtesse de Mesnard, d'ailleurs, mais elle est bien résumée tout entière dans la pratique fidèle de ces deux grands préceptes de la loi : « Vous aimerez le Seigneur par dessus toutes choses et le prochain comme vous-même pour l'amour de Dieu. »

« Aimer Dieu !... Ah ! si vous connaissiez, mes Frères, quelle a été la vivacité de sa foi, vous sauriez alors quel pouvait être son amour pour Dieu. Elle n'en perdait pas un instant la présence ; dans tous ses actes elle ne cherchait que sa gloire à lui procurer ; inquiète, tremblante, même quand elle élevait à la majesté divine ces Temples superbes que nous connaissons, craignant toujours de n'en pas faire assez. A côté de cet amour de Dieu, quelle n'était pas son humilité ! Elle disait un jour : « Quand, dans mes voyages, me trouvant dans une église pour entendre la messe, je vois monter à la sainte table, pour la communion, quelques pauvres femmes du peuple, je cherche aussitôt à me glisser à leurs côtés avec le désir que le bon Dieu me prenne pour l'une d'elles. » Mais il serait ici trop facile d'être long ; passons à sa charité pour le prochain.

« Elle est connue de la France entière et au delà ; elle a été incomparable, et tout éloge ne peut être qu'au-dessous de la vérité. Madame la Comtesse de Mesnard ne considérait sa fortune que comme le véritable patrimoine des pauvres, qu'elle traitait pour elle-même avec une sévère parcimonie, jusqu'à devenir pauvre elle-même pour le seul amour des pauvres. On me racontait ces jours derniers, permettez-moi ce détail un peu familier, qu'elle avait porté une même robe pendant douze années, toujours pour accroître le trésor de ses œuvres et soulager davantage les malheureux. Je comprends après cela ce cri de l'âme qui s'échappait parfois de ses lèvres : « Qu'il est pénible d'être riche ! » Non, on ne donne pas, mes frères, je vous le disais dimanche, comme elle donnait, même quand on dispose, comme elle, de grandes richesses. On peut dire que sa charité l'a mise au-dessus encore de sa fortune. Et elle donnait non-seulement avec joie, mais avec une hauteur d'âme, qui marquait tout ensemble et le mépris du don et l'estime de la personne. De cette bienfaisance inépuisable qui ne connait les monuments authentiques ? Asiles pour l'enfance et la jeunesse, orphelinats, écoles chrétiennes de toutes sortes, et sur la fin de sa vie, comme pour se rapprocher encore de Jésus-Christ dans la personne de ses prêtres, cette création merveilleuse, cette maison de secours des héroïques missionnaires des pays barbares, qui viennent y restaurer leurs forces pour des luttes nouvelles et de nouvelles victoires, ou bien s'y préparer dans le recueillement à recevoir la couronne de l'Apôtre. Dans toutes ses œuvres elle n'a rien fait pour la louange; elle a tout fait pour le bien : son intention était aussi pure que son dévouement sincère. Dieu, le bien de l'Eglise et de l'humanité, telle a été sa constante devise, et dans le retentissement de ses œuvres elle n'a jamais accepté volontairement que ce qui était nécessaire à la bonne édification du prochain.

« Je ne m'étonne point après cela que Son Eminence, le Cardinal Archevêque de Toulouse, toujours prêt à reconnaître le vrai mérite et la vertu solide, ait daigné déroger aux habitudes des princes de l'Eglise, en venant ici aujourd'hui dans ce Temple, honorer par sa présence la mémoire bénie de cette grande âme. Et pour ma part, Eminence, je vous remercie avec effusion, au nom de tout ce peuple, d'avoir bien voulu descendre jusqu'à nous, pour nous aider à acquitter à l'égard de Madame la Comtesse de Mesnard, la dette si grande de notre reconnaissance.

« Mais pourquoi voudrions-nous la pleurer encore ? elle n'est point morte en réalité... Elle vivra toujours pour nous !

« Elle vit, en effet, auprès de Dieu, dans le Ciel ; car ses grandes et saintes œuvres lui en ont ouvert infailliblement les portes.

« Elle vit dans Mademoiselle de Mesnard, sa fille bien-aimée, qui partageait si noblement tous ses soins et toute sa sollicitude pour le bien, et que du haut du Ciel elle inspirera et soutiendra d'une manière plus puissante encore.

« Elle vit et elle vivra dans les monuments impérissables de ses bienfaits, continués par sa digne fille, héritière de sa charité autant que de ses vertus.

« Oh ! Madame la Comtesse de Mesnard, à Saint-Jory, désormais, votre mémoire bien-aimée demeurera gravée en traits ineffaçables dans tous nos cœurs ! Notre reconnaissance ne finira plus !.. Et, surtout, par ce rare courage, par ce mépris souverain, héroïque, avec lequel vous avez su traiter, à l'encontre de ce que nous voyons chaque jour, toutes ces choses brillantes d'ici-bas, richesses, honneurs, puissance, dons même les plus heureux de l'esprit et du cœur, qui séduisent tant de mortels sur la terre et qui font tant de victimes, votre vie admirable sera toujours devant nos yeux comme une grande et salutaire leçon, pour nous apprendre, avec la voix infaillible de l'Evangile, avec les enseignements et les exemples des saints, que tout ici-bas est vanité, excepté aimer Dieu et ne servir que lui seul ! »

La cérémonie se termina par l'absoute que Son Eminence voulut donner Elle-même.

X.

---

## Service funèbre pour Mme la Comtesse de Mesnard

(*Semaine catholique du diocèse de Luçon*, 3 décembre 1887)

On nous écrit de Mesnard :

Un service funèbre a été célébré le 22 novembre pour le repos de l'âme de Mme la comtesse de Mesnard, la bienfaitrice tant regrettée de notre paroisse. La ravissante église gothique élevée par la générosité désintéressée de l'illustre défunte avait revêtu sa parure de deuil, et les ogives élégantes des trois nefs, disparaissaient sous les tentures noires.

Au centre de la croix grecque on avait élevé un catafalque de très bon goût; derrière, des chaises avaient été disposées pour Mlle de Mesnard et les quelques membres de la famille qui avaient pu venir assister à la triste cérémonie.

S. G. Mgr Catteau, Evêque de Luçon, avait désiré présider en personne, pour rendre hommage à la mémoire de Mme de Mesnard qui avait toujours été, par sa charité, l'ange de la paroisse de Mesnard.

Le service funèbre a commencé par l'office des morts, présidé par M. l'abbé Giraud, vicaire général. Après la sainte messe, célébrée solennellement par M. l'abbé Verdon, curé de Mesnard. Mgr Catteau monte en chaire, et en quelques phrases émues, avec cette délicatesse de pensée et ce charme pénétrant de la parole dont elle a le secret, Sa Grandeur nous rappelle, en peu de mots, les traits principaux de la vie exemplaire de notre bienfaitrice.

« Dieu, dit l'éminent orateur, avait été prodigue envers elle; à son tour elle a voulu être prodigue envers Lui. » Monseigneur parle aussi des grandeurs morales de cette âme d'élite; il exalte surtout la grandeur de sa charité; il retrace les nombreuses œuvres charitables accomplies à Mesnard par Mme la comtesse, et termine en ajoutant que même après sa mort, Mme de Mesnard répand ses bienfaits sur la paroisse qui lui était si chère. La mission qui vient de finir, en effet, mission si fructueuse et si consolante, grâce au zèle apostolique des RR. PP. Roger et Rochereau, a été due à l'initiative intelligente et à la charité inépuisable de la noble châtelaine que nous pleurons.

X.

## Service funèbre à Millegrand

(*Semaine religieuse du diocèse de Carcassonne*, du 23 décembre 1887).

Le jeudi 15 décembre, une nombreuse assistance se pressait dans l'enceinte de l'élégante chapelle du château de Millegrand, à quelques kilomètres de Trèbes. Mademoiselle de Mesnard y faisait célébrer un service funèbre pour le repos de l'âme de la fervente chrétienne Madame la comtesse de Mesnard, sa mère, décédée le 10 septembre, à Genève.

Héritière de son nom, de ses vertus comme de sa fortune, après avoir rendu ses derniers devoirs à celle qu'elle ne cessera de pleurer, d'abord dans cette ville principale de la Suisse; où sa chère défunte avait rendu son âme à Dieu, ensuite en France, dans le Tarn-et-Garonne, à son château de Montbeton, à Saint-Jory, à Bioule et en Vendée, à Mesnard, elle était venue lui payer cette dette sacrée à Millegrand, vaste domaine qu'elle possède dans le département de l'Aude, non loin de Carcassonne.

A sa voix, s'étaient réunies autour d'elle tout une population d'ouvriers qui travaillent sur ses terres, quelques amis de la famille, tout le clergé du canton de Trèbes, enfin Monseigneur l'Evêque, accompagné de M. Cros, l'un de ses vicaires généraux.

A dix heures et demie, le Prélat, ayant à sa droite son Vicaire Général et à sa gauche M. Ginoux, Vicaire Général de Mgr. Mermillod, Évêque de Lausanne et de Genève, étant précédé de la croix processionnelle, des enfants de l'Orphelinat, de 18 prêtres, revêtus de blancs surplis, et suivi par Mademoiselle de Mesnard en longs vêtements de deuil, qu'accompagne Madame de Villèle, sa cousine, déjà veuve, quoique jeune encore, fait son entrée dans l'église tendue de draperies noires et va prendre place sur son trône en traversant la foule triste et silencieuse qui remplit la nef et entoure la représentation funèbre qui s'élève au milieu d'elle.

C'est un lit de repos, à la fois somptueux et sévère, surmonté d'un baldaquin qui repose sur quatre colonnes, autour desquelles s'enroulent et sont fixées par des embrasses dorées, les noires courtines, tombant du dôme. Le drap noir qui recouvre la bière vide est bordé de franges d'or, et des galons d'or y dessinent sur le milieu la croix, signe du chrétien et symbole du salut.

Pendant la grand'messe, que chanta M. le Doyen de Trèbes avec l'assistance de deux de ses confrères, faisant fonctions de diacre et de sous-diacre, le chœur fit entendre en plaint-chant harmonisé et habilement exécuté : le *Kyrie*, le *Dies iræ*, le *Sanctus* et l'*Agnus Dei* de la liturgie sacrée, et autres morceaux de circonstance, qui contribuèrent à augmenter l'émotion, le recueillement et la ferveur des prières de toute l'assemblée. Faut-il s'en étonner quand on sait qu'aux amateurs du lutrin de Trèbes s'étaient joints quelques ecclésiastiques du canton, dont on connaît l'art musical, le talent hors ligne et la voix irréprochable ?

Mais les impressions pieuses et fortes devinrent plus profondes encore et allèrent jusqu'à faire couler des larmes de tous les yeux quand, après la messe, Monseigneur l'Evêque adressa à l'assemblée, de sa voix la plus accentuée et la plus attendrie, l'allocution suivante, que nous sommes heureux de reproduire textuellement.

Nos Très Chers Frères,

« Nous lisons au livre des Actes des Apôtres qu'il y avait à Joppé une pieuse femme nommée Tabithe ou Dorcas. Le ciel la réclamait pour la mettre en possession de l'éternelle récompense que lui avaient méritée ses bonnes œuvres, ses largesses versées dans le sein des pauvres ; et elle venait de mourir. Aussitôt fut mandé le premier des Apôtres qui se trouvait à Lydda, ville voisine, et à peine Pierre fut-il arrivé, qu'il se vit entouré de veuves en larmes qui lui montraient les robes et les habits que leur confectionnait Dorcas. *Et circumsteterunt illum omnes viduæ flentes et ostendentes ei tunicas et vestes quas faciebat illis Dorcas.* (1)

(1) Act. IX. 36-40.

« Cette scène scripturaire, si émouvante, se présente à mon esprit, à la vue de ces jeunes orphelins me montrant — le cœur meurtri et les larmes aux yeux — le toit hospitalier sous lequel les avait recueillis l'illustre Dorcas dont nous déplorons la mort. Pauvres petits, ne formaient-ils pas la famille adoptive de son cœur, et, dans ce sanctuaire, n'ai-je pas pour devoir de me faire l'interprète de leur reconnaissance et de leurs regrets, en essayant de louer leur pieuse et noble bienfaitrice ? Mais quelle note nouvelle pourrais-je faire entendre, après ce vaste et immense concert de louanges qui n'a cessé de s'élever sur tous les points de la France, en l'honneur de Madame la comtesse de Mesnard, depuis sa mort ? *Quomodo amplificemus eam ?* (1) L'Esprit-Saint vient à mon secours, et la parole qui, tout à l'heure, résonnait si harmonieusement sous ces voûtes me servira de thème ; la femme qui mérite d'être louée c'est celle qui craint le Seigneur : *Mulier timens Dominum ipsa laudabitur.* (2) Ses propres œuvres la louent dans l'assemblée des justes, *et laudent eam in portis opera ejus.* (3)

« Madame la Comtesse de Mesnard était vraiment cette femme forte chantée par l'écrivain sacré, au livre des Proverbes; elle craignait Dieu, ou plutôt, chez elle, la crainte avait fait place à l'amour. Pour se sauver des saintes frayeurs que lui inspirait la pensée du Dieu des suprêmes justices, elle aimait à se réfugier dans le cœur du doux, du miséricordieux Jésus, au Sacrement de l'autel. Elle avait la foi

(1) Eccle. XLIX. 13.
(2) Prov XXXI. 30.
(3) Ibid 13,

des jours anciens, une foi ferme et solide comme les colonnes d'un temple; pour elle, le Dieu du tabernacle était l'ami par excellence, et le Maître seul a connu la tendresse, la ferveur, la vivacité de ses sentiments d'amour surnaturels. Parlerai-je de son esprit de prière, de sa chaude piété, de son exquise délicatesse de conscience ?

« Les belles âmes de ce monde, comme le temple sacré de l'Alliance antique, ont un *Saint des Saints* dont le Très Haut se réserve les secrets ; à Dieu ne plaise donc que j'aie l'indiscrète témérité de soulever le voile qui dérobait aux regards de tous la beauté intérieure de l'âme de Madame de Mesnard ! Je laisse à sa fille vénérée, pour laquelle ce voile était comme transparent, le privilège exclusif d'en garder l'image au fond du cœur, comme le souvenir le plus embaumé, comme la consolation la plus précieuse ; qu'il me suffise de redire la parole des Saints Livres : *Mulier timens Dominum ipsa laudabitur*, elle mérite d'être louée, la femme qui craint le Seigneur.

« Ses propres œuvres la louent dans l'assemblée des justes : *et laudent eam in portis opera ejus.*

« Pour la noble défunte, la perfection chrétienne, la sainteté n'était autre chose, suivant le beau mot d'un Père de l'église grecque, que la ressemblance avec Dieu. Aussi, aimant à envisager le type divin, sur lequel elle travaillait à se modeler, comme la personnification suprême de la bonté infinie, et sachant que de sa nature, la bonté, selon l'enseignement de l'Ange de l'Ecole, se répand en bienfaits *bonum sui diffusivum*, elle a passé sa vie à essuyer les larmes des affligés, à secourir la détresse des indigents, à alléger la souffrance des malheureux. C'était bien l'inclination native de son cœur qui s'ouvrait à tous comme un inépuisable trésor de dévouement et de compatissance, mais c'était surtout l'effort constant de sa volonté, surnaturalisée par la foi. Qui ne le sait, en effet ? Elle n'estimait les grandeurs et les avantages de ce monde que par les facilités qu'elle y trouvait à rayonner plus efficacement en faisant du bien : à ses yeux, la noblesse du nom, l'élévation du rang étaient une mission reçue d'en haut ; elle se considérait comme la mandataire de la Providence. Fidèle à la recommandation du royal Prophète, jamais elle n'attacha son cœur aux richesses. (1) Si la fortune avait pour elle quelque prix, c'était parce qu'elle la regardait comme une portion du patrimoine des indigents. Vainement l'aurait-on cherchée parmi les fêtes du monde ; elle préférait visiter le pauvre dans sa mansarde et sur son grabat, plus heureuse, selon la parole de l'Ecclésiaste, « d'aller à la maison du deuil qu'à la maison de la joie (2), » Aussi son souvenir sera-t-il doux comme le miel à la bouche de tous les déshérités de ce monde. *In omni ore quasi mel indulcabitur ejus memoria.* (3) Et pour les enfants dont elle a préservé la foi, et pour les orphelins adoptés par sa charité, et pour les jeunes filles dont elle a sauvé l'innocence et pour les infirmes et convalescents dont elle a ranimé les forces, son nom résonnera comme un concert mélodieux,

(1) Divitiæ si affluant, nolite cor apponere. Ps. 61.11.

(2) Eccle. VII. 3. Melius est ire ad domun luctus, quam ad domun convivii.

(3) Eccle. XLIX. 2.

*ut musica id convivio vini.* (1) Nous avons donc le droit de le répéter, ses œuvres de foi et de zèle, ses merveilleuses créations de charité publient ses louanges dans l'assemblée des justes. *Et laudent eam in portis opera ejus.*

Vous connaissez, Nos Très Chers Frères, la parole tombée des lèvres de Notre-Seigneur Jésus-Christ : « Ce que vous aurez fait au plus petit d'entre les miens, vous l'aurez fait à moi-même » (2) et, pas plus que moi, vous ne pouvez douter qu'une âme dont *toutes les journées*, dans son passage en ce monde, *ont été aussi pleines*, (3) fût en droit d'espérer de Dieu la grâce qui est le couronnement de toutes les autres, la grâce d'une sainte mort. Il est donc vrai de le dire, si la mort a pu frapper à l'improviste M^me^ la Comtesse de Mesnard, elle ne l'a pas surprise ; toujours elle était sur ses gardes, unie à son Dieu par la grâce. S'endormant doucement dans le baiser de ce miséricordieux maître, elle est entrée dans l'éternité, avec le cortège de ses œuvres.

Consolez-vous donc, consolez-vous, vous qui la pleurez : *consolamini, consolamini.* Consolez-vous, fille aimée qui viviez identifiée à votre pieuse mère et aviez pour elle un culte de vénération et de tendresse : consolez-vous, vous qui fûtes ses proches par le sang ou par l'alliance, vous qui lui fûtes unis par les liens de la reconnaissance pour les bienfaits reçus : *Consolamini.* Consolez-vous jeunes or-

(1) Ecclc. Ibed.

(2) Matth. XXIII. 40.

(3) Ps. 72. 10.

phelins qui avez perdu votre mère d'adoption, et vous religieuses dévouées, qui avez pour ces enfants une infatigable sollicitude, et vous vénéré Curé-doyen de cette paroisse, qui les aimez comme un père, — plus qu'un père, le dirai-je ? — la paternité spirituelle a des secrets d'affection inconnus à la paternité du sang. *Consolamini*, consolez-vous. Il n'est pas en mon pouvoir de vous rendre cette nouvelle Tabithe. Ce fut le privilège du chef du collège apostolique, et je n'ai pas la vertu de Pierre, le grand thaumaturge : mais je puis vous dire que vous resterez l'objet du tendre dévouement de celle qui était la providence visible de cette maison. En vous quittant, ne vous a-t-elle pas confiés à une fille vénérée, dont le nom est un engagement à perpétuer les traditions de charité héréditaire, dont le cœur, modelé sur le sien, recèle la même source de dévouement et de compassion ? Consolons-nous tous ensemble dans cette douce espérance. *Consolamini invicem in verbis istis.* Amen. »

Le chant grâve du *Libera* et l'absoute solennelle donnée par le Prélat terminèrent cette touchante cérémonie qui laissera dans bien des âmes d'impérissables souvenirs.

Avant de quitter Millegrand, vers les 3 heures du soir, Monseigneur avait daigné recevoir les hommages gracieux des petits orphelins recueillis dans le château, et les remerciements empressés des Sœurs de charité qui les soignent et les élèvent. Il avait voulu surtout s'entretenir intimement avec chacun de ses zélés collaborateurs présents à la réunion et en particulier avec deux Pères des Missions Etrangères.

C'étaient deux apôtres, arrivés à l'âge mûr, mais brisés par les fatigues de l'apostolat dans le Tonkin et l'Extrême-Orient. Recueillis, comme beaucoup d'autres de leurs confrères, dans le *Sanatorium* de Montbeton, que Mademoiselle de Mesnard, après sa sainte mère, leur tient ouvert pour y rétablir leurs forces et leur santé, afin qu'ils puissent plus tôt, suivant leurs désirs, voler au-devant de nouveaux dangers en gagnant à Dieu de nouvelles âmes, ils étaient venus à Millegrand sur l'invitation de leur charitable hôtesse, et leur présence à l'église, pendant la cérémonie, avait vivement édifié les assistants et contribué, mieux que d'éloquents discours, à apprécier et à aimer l'Œuvre de la Propagation de la Foi.

---

Montauban, Imp. et Lith. Forestié, rue du Vieux-Palais, 23.

# Mademoiselle de Mesnard

# MADEMOISELLE DE MESNARD

Comme il est dans le firmament des étoiles jumelles et inséparables, qui poursuivent leur course dans l'espace, en mêlant leurs rayons, de telle sorte qu'à l'œil et à l'esprit de l'homme ils apparaissent, constellation unique, de même, il est de belles âmes, sœurs par la nature et par la grâce, si étroitement unies entr'elles, que l'on ne peut supposer l'une sans l'autre sur la terre, et que la première, en s'envolant vers Dieu, emporte la seconde, bientôt après, dans son essor.

Ainsi en a-t-il été pour madame et Mademoiselle de Mesnard.

Ce recueil, pieux hommage rendu à une sainte vie, allait être donné en souvenir à tous ceux qui avaient aimé et vénéré madame la Comtesse de Mesnard, lorsque la mort est venue, à quatre mois de distance, frapper de nouveau à la porte de cette demeure bénie de Montbeton, où la charité a élu son foyer de prédilection.

Mademoiselle de Mesnard n'a semblé survivre à sa mère bien-aimée, dont elle n'avait cessé d'être l'aide et si souvent l'inspiratrice, se tenant humblement cachée dans l'ombre maternelle, que pour mieux se montrer telle qu'elle était devant Dieu, et déployer dans cette ère nouvelle le zèle, la force, le tact, l'esprit d'autorité, que le monde, sans cela, n'eût pas, tout entier, connus.

C'est en pleine activité de dévouement fécond et infatigable, que la mort l'a frappée, le 29 janvier au matin; après une syncope et une langueur de quelques heures, elle expira comme dans une sorte d'aspiration extatique vers Dieu et vers sa mère; elle était âgée de 57 ans, et avait été tenue sur les fonts baptismaux par la duchesse de Berry et le roi François Ier des Deux-Siciles.

Malgré le froid et la neige, la foule se pressait le 1er février 1888 pour ses obsèques, célébrées dans l'église de Montbeton.

L'Evêque de Montauban présidait, entouré de nombreux prêtres du diocèse et des missionnaires du *Sanatorium.*

***

Laissée sur la terre par sa noble et sainte mère, écrit en effet la *Semaine catholique de Luçon*, Mlle de Mesnard continuait sa mission de dévouement à tous les malheureux. Dieu l'a rappelée à lui; sans doute, dans sa bonté juste et sage, Il a voulu, en abrégeant les heures d'exil qui lui restaient à passer sur la terre, hâter la récompense qui attendait cette âme si bien préparée, et la réunir à cette mère, qui lui avait si bien appris l'amour de Dieu et du prochain.

La mort de Mme la comtesse de Mesnard avait été pour sa fille un de ces déchirements immenses que seuls peuvent comprendre ceux qui ont pu admirer la sublime émulation pour le bien, la parfaite communauté d'idées, la piété fervente et éclairée, la charité discrète qui animaient ces deux nobles châtelaines.

En chrétienne qu'elle était, Mlle de Mesnard avait supporté cette épreuve avec ce courage et cette résignation que la foi seule peut inspirer. Néanmoins, le souvenir de sa pieuse mère hantait sans cesse son âme, et c'est dans des larmes continuelles qu'elle a accompli les derniers mois de son pèlerinage sur la terre. Partout où la comtesse de Mesnard avait semé le grain de la charité, sa fille a réuni autour d'elle tous ceux qui avaient connu, aimé et vénéré sa mère ; tous ceux qu'elle avait secourus, sont venus aussi ; et là, de nouveau, se plongeant chaque jour plus profondément dans sa douleur, Mlle de Mesnard mêlait ses prières ardentes à celles qui s'élevaient vers Dieu en souvenir de la regrettée défunte. C'est ainsi qu'au mois de novembre dernier, la paroisse de Mesnard-la-Barotière était réunie tout entière autour de Mlle de Mesnard, dans cette ravissant église gothique, témoignage durable de la générosité princière des nobles châtelaines. Aujourd'hui les habitants de Mesnard ont un nouveau deuil à porter. — Les œuvres importantes, fondées dans cette paroisse par les soins de ces généreuses chrétiennes, ne périront pas, nous pouvons l'affirmer ; néanmoins, les malheureux perdront une amie secourable, dont le cœur et la main étaient toujours ouverts pour soulager les infortunes.

***

L'impression produite, au mois de septembre, par la mort de Madame de Mesnard fut très grande, dit le *Bulletin catholique de Montauban*; il ne pouvait se faire que la providence du pays quittât ce monde sans laisser d'universels regrets.

Mais le trépas de sa fille en fait une plus profonde encore. Sans doute, Mademoiselle de Mesnard n'était plus jeune, et sa santé délicate exigeait des ménagements incessants. Mais son âge laissait l'espoir de la conserver de longues années. Dieu en a décidé autrement. Que sa volonté soit faite !

Mademoiselle Marie-Caroline de Mesnard était née à Paris le 30 mai 1830.

Charles X régnait encore, et s'associait à la joie de la famille de Mesnard en donnant son nom à la petite enfant et en permettant à S. M. le roi Ferdinand de Naples et à S. A. Madame la Duchesse de Berry de la tenir sur les fonts baptismaux.

La filleule des descendants de saint Louis fut élevée dans la célèbre Maison de l'Abbaye-aux-Bois, où se donnaient rendez-vous les plus grands noms de France.

Des indispositions fréquentes nuisirent un peu à ses études et retardèrent même sa première communion.

Elle avait 13 ans lorsqu'elle fut admise, pour la première fois, à la Table-Sainte. Dieu le voulut ainsi, afin qu'elle comprît mieux la grandeur et la portée de cet acte si important de la vie chrétienne.

Une circonstance particulière nous montre comment la grâce d'En Haut avait préparé, travaillé, pénétré son jeune cœur. Ce jour-là même, pendant que ses compagnes sont encore à ses côtés, tout heureuses aussi d'avoir reçu leur Dieu, elle se sent saisie d'un saint ravissement et, ses regards levés vers le tabernacle où réside celui qui s'est appelé le pain descendu du ciel, elle promet à son Dieu de consacrer sa vie entière et sa fortune aux œuvres de la charité catholique.

Qu'elle est belle et touchante cette résolution vraiment héroïque et comme elle fait éclater la générosité de son âme!

Ce qui la rend plus touchante encore, c'est que, chaque année, elle a célébré avec joie et fait célébrer, dans tous ses orphelinats, l'anniversaire de ce jour mémorable, renouvelant ainsi, tous les ans, cet admirable vœu.

Invariablement fidèle à sa promesse, elle s'associa à toutes les œuvres si nombreuses de sa vénérable mère.

Seulement, elle prenait un si grand soin de s'effacer, que bien peu de personnes connaissaient la part qui lui revenait de droit.

Madame de Mesnard, cependant, ne le cachait pas. Elle ne manquait jamais l'occasion de dire que sa fille n'était étrangère à aucune de ses largesses.

Et nous nous souvenons qu'il y a deux ans, causant avec elle de la fondation du *Sanatorium*, elle nous dit : « Une chose me fait de la peine. C'est que les journaux ne parlent que de moi, au sujet de cette fondation, comme pour toutes les autres. Ils ont tort : je ne fais rien sans ma fille ; elle est de moitié en tout. »

Dès l'âge de 18 ans, Mademoiselle de Mesnard fut ce qu'elle a été depuis. Dieu, sa mère et les pauvres furent les seuls objets de sa tendresse. En toute occasion, le monde et ses vanités la trouvèrent indifférente. Son bonheur était de passer de longues heures dans la petite chapelle du château, d'en orner elle-même l'autel, d'assister tous les jours au saint sacrifice de la Messe et de s'unir, par la communion, au céleste époux de son âme.

Aussi, quelle droiture dans la pratique du bien, et quelle délicatesse de conscience !

Mais rien ne fait avancer rapidement dans les saintes voies comme la souffrance. Mademoiselle de Mesnard la connut et elle sut l'accepter avec la soumission qui plaît à Dieu.

Cependant, elle s'oubliait elle-même pour ne songer qu'à sa vénérée mère. La moindre indisposition de Madame de Mesnard la remplissait de terreur. Elle frémissait à la pensée d'une séparation de plus en plus possible.

Hélas! le moment vint de cette séparation, d'autant plus terrible qu'elle fut inopinée. Cette épreuve brisa son cœur et lui fit une blessure qui ne devait pas se cicatriser.

Au livre de ses *Confessions*, saint Augustin dit que son âme et celle de son ami n'étaient qu'une seule âme, et que la vie lui était à charge depuis la mort de celui qu'il aimait tant.

Il en était ainsi pour Mademoiselle de Mesnard.

Le gouvernement de sa Maison et de ses affaires, qu'elle avait pris avec une vigueur de caractère qu'on ne lui soupçonnait pas, l'occupait, mais ne parvenait pas à la distraire. Il semble qu'elle avait enfermé sa vie dans le tombeau de sa mère.

Mais si la mort a été, pour elle, une délivrance, elle est un sujet de grande douleur, spécialement pour notre diocèse et pour ceux de Luçon et de Carcassonne.

***

Lundi, 10 septembre, écrivait quelques mois plus tard *la Semaine religieuse de Carcassonne*, a eu lieu dans la chapelle de Millegrand, sous la présidence de Monseigneur l'Évêque, un service solennel, à l'occasion de l'anniversaire de la mort de Madame la comtesse de Mesnard. Les orphelins recueillis par la pieuse munificence de cette noble dame, les bonnes Sœurs qu'elle leur a données pour mères et le nombreux personnel attaché au domaine ne pouvaient oublier la date lugubre où leur généreuse bienfaitrice leur fut enlevée. Ils voulaient confondre avec elle, dans une commune prière, son admirable fille Mademoiselle Caroline de Mesnard, qui fut, trop peu de temps, leur seconde providence, avant d'aller recevoir, cinq mois après sa mère, la récompense de ses bonnes œuvres.

La chapelle s'était revêtue de riches ornements de deuil. Une tenture funèbre, aux armes de la noble famille, tapissait les murs de la nef et se reliait, dans le sanctuaire, à une grande croix dessinée sur fond blanc et à deux riches bannières venues de l'Orphelinat de Montbeton, comme pour rappeler la fraternité de cette fondation charitable avec celle de Millegrand. Devant la balustrade s'élevait un élégant catafalque, où les fleurs, mêlées aux lumières et aux draperies de deuil, effaçaient, en quelque sorte, la pensée de la mort par celle du triomphe.

Dans la nef se pressait pieusement une très nombreuse assistance, dans laquelle on distinguait, au premier rang, M. Gabriel de Belcastel, l'éminent orateur catholique, qui met si courageusement sa parole au service de toutes les nobles causes. Il représentait les exécuteurs testamentaires, chargés de continuer et de développer les grandes œuvres de la mère et de la fille.

Dans le sanctuaire, à côté du trône de Monseigneur,

RF

qu'assistaient M. le vicaire général Fournier et M. le curé de Marseille, on remarquait, à peu près, tout le clergé du doyenné de Trèbes. Il avait répondu avec empressement à invitation de son vénérable doyen, toujours heureux lorsqu'il peut s'entourer de ses dévoués confrères pour relever les cérémonies religieuses dans la chapelle de Millegrand.

M. le doyen a été l'officiant. La messe de *Requiem* a été chantée par ses confrères, secondés par l'Orphéon de Trèbes, qui, groupé autour de sa bannière, illustrée dans plusieurs concours, a fait entendre, avec une rare perfection, un *Kyrie*, un *Sanctus* et un *Agnus Dei*, harmonisés par Vervoitte. M. le curé de Douzens, qui tenait l'harmonium, a exécuté, à son tour, avec un art parfait, un motet dont les paroles semblaient dictées par la circonstance : *Mulier timens Deum ipsa laudabitur; laudent eam in portis opera ejus*, la femme qui craint Dieu sera louée ; ses œuvres feront son éloge dans l'assemblée des hommes.

Après la messe, Monseigneur a prononcé une touchante allocution, que nous sommes heureux de pouvoir reproduire à peu près textuellement, pour l'honneur des deux vénérables défuntes et l'édification de nos lecteurs :

Nos très chers Frères,

Le 15 décembre dernier, nous étions réunis, comme aujourd'hui, dans cette enceinte sacrée. Les murs de cette chapelle étaient tapissés de draperies funèbres ; au bas du sanctuaire s'élevait un cénotaphe, lugubre représentation de la mort : une imposante couronne de prêtres entourait l'autel ; un service solennel était célébré pour le repos de l'âme de Madame la Comtesse de Mesnard.

Le saint sacrifice achevé — vous en avez peut-être perdu le souvenir, je n'aurais pas lieu d'en être surpris — j'essayai de balbutier quelques mots, et de vous tracer, dans ses grandes lignes, la noble physionomie de la défunte. Ces chers petits orphelins éclataient en sanglots ; ces dignes sœurs, anges visibles de dévouement qui veillaient sur eux, ne pouvaient retenir leurs larmes ; le vénérable curé-doyen de cette paroisse était lui-même impuissant à renfermer sa douleur au fond de son âme. Je me fis un devoir de les consoler tous, et facile fut ma tâche en leur présentant Mademoiselle de Mesnard comme une copie fidèle de sa mère vénérée ; son âme ne reflétait-elle pas, ainsi qu'un miroir du plus limpide cristal, la tendresse exquise, l'inépuisable générosité, toutes les qualités et toutes les vertus de celle que Dieu avait rappelée à lui pour la récompenser ? Elle était là, je la vois encore, aux pieds de ce cercueil vide, pleine de vie à côté de l'image même de la mort, et six semaines s'étaient à peine écoulées que nous arrivait la foudroyante nouvelle : elle avait quitté ce monde.

Adorons ensemble les mystérieuses dispositions de la Providence. Il y a des âmes si intimement liées ensemble, si profondément enchaînées, ou, pour employer l'expression des Lettres sacrées, si fortement *conglutinées* l'une à l'autre, que la séparation ne peut se faire sans un ébranlement, une commotion qui atteint les sources mêmes de la vie. Ainsi en fut-il de Madame la Comtesse de Mesnard et de sa pieuse fille : on peut leur appliquer la parole de nos saints Livres : *Decori in vitâ suâ, in morte quoque non sunt divisi.* Unies dans la vie par un commun amour de Dieu et pour un commun rayonnement de miséricorde et de bienfaisance, elles n'ont pas été divisées dans la mort.

Il est une magnifique parole, inspirée au cygne de Cambrai, à Fénelon, par une consolante expérience : « *Je ne connais rien de si doux, de si tendre, de si fidèle, de si bon, de si généreux, qu'un cœur qui aime véritablement Dieu par-dessus toutes choses.* »

En Mademoiselle de Mesnard, comme en sa digne mère, on voyait l'amour de Dieu, l'amour du Père d'en haut, *se fondre*, suivant l'expression d'un moraliste de renom, en miséricorde sur le prochain, se traduire en créations de charité pour toutes les misères de ce bas monde. Interrogeons ceux qui l'ont approchée, ils nous diront les trésors cachés de sensibilité et de tendresse que récelait son cœur. Il nous révèleront ce mouvement irrésistible de pitié qui l'entraînait vers le malheur pour y compatir et le soulager. Aussi est-il permis, en toute rigueur de justice, de lui décerner cet éloge de l'Esprit Saint : *In omni opere dedit confessionnem Excelso*, par son infatigable dévoûement envers ceux qui souffrent, elle aimait à glorifier perpétuellement son Dieu dans ses œuvres : et ces paroles que l'Église dans sa liturgie, met sur les lèvres de Marie, elle pouvait, suivant le commentaire de saint Bernard, se les appliquer à elle-même : *In omnibus requiem quæsivi, et in hæreditate Domini morabor.* Son âme affamée de repos aspirait, par un besoin inéluctable, à l'union parfaite et éternelle avec Dieu. Mais ce Dieu, elle se plaisait à le voir dans les petits, les faibles, les malheureux de ce monde, et l'exercice constant de la miséricorde envers eux lui donnait, même sur cette terre d'agitation et de trouble, comme un avant-goût de cette paix, de cette sérénité, de ce bonheur qu'elle savoure maintenant et pour toujours, avec sa vénérée mère, dans l'héritage du Seigneur : *In hæreditate Domini morabor.*

La liturgie sacrée, en nous conviant au culte des reliques des martyrs, emprunte un texte inspiré, et nous dit que leurs ossements prophétisent après leur mort. Que de grâces spéciales obtenues par leur intercession ! Que de miracles opérés à leur tombeau ! *Ossa ipsius visitata sunt et post mortem prophetaverunt.* Je m'empare de ces paroles, et j'ose affirmer que Madame et Mademoiselle de Mesnard prophétisent, elles aussi, après leur disparition de ce monde. Les prodigues de charité, qu'elles ont semés partout pendant leur vie, se maintiennent, se développent, se perpétuent. Et ici, qu'il me soit permis de faire monter vers Dieu, en votre nom à tous, le cri de la reconnaissance. Notre cher orphelinat de Millegrand continuera d'ouvrir ses portes aux pauvres petits déshérités de cette terre, et celui qui a reçu mission d'exercer sur cette belle œuvre, au nom des pieuses fondatrices, un protectorat moral, c'est le grand chrétien qui nous a convoqués en ce sanctuaire, c'est M. de Belcastel, le vaillant champion de toutes nos saintes causes. Il les défendait hier, vous savez avec quelle éloquence, du haut de la tribune parlementaire du Sénat ; il les défend aujourd'hui, avec non moins d'ardeur et de courage, du haut de ces tribunes qu'un dernier lambeau de liberté permet encore aux catholiques de se dresser. Le diocèse de Carcassonne ne saurait oublier son incomparable plaidoyer en faveur de l'enseignement chrétien. Nous avons contracté envers lui une dette de gratitude. Je suis heureux d'essayer de la lui payer en demandant à Dieu, au pied de cet autel, de le conserver longtemps, avec son ardente énergie et son courage, à la sainte Église notre mère, en même temps qu'à notre pauvre France. »

Après le discours, sous l'impression de la chaleureuse parole de Monseigneur, l'assistance, profondément recueillie, a fait monter vers le ciel d'ardentes supplications pendant l'absoute que le Prélat a bien voulu donner lui-même, au milieu de chants, non moins pieux que suaves, exécutés encore par M. le curé de Douzens et l'Orphéon de Trèbes.

---

Et maintenant que la pierre du caveau funèbre s'est refermée sur ces généreuses fondatrices, ceux qu'intéressent les œuvres chrétiennes ont la consolation de penser que les œuvres fondées par elles leur survivront. La fille, après la mère, poussées par le même élan de cœur et le même esprit de prévoyance, ont choisi les parents et amis qui doivent les maintenir et les développer.

Les cinq exécuteurs testamentaires institués par les dames de Mesnard, sont :

1° M. le marquis de Rosanbo, cousin germain de Mademoiselle de Mesnard, par son père M. le comte de Mesnard.

2° Mme la comtesse de Villèle, cousine issue de germaine de Mademoiselle de Mesnard, par sa grand'mère maternelle de Bellissen, née de la Gallissonière.

3° M. le marquis du Lyon, époux de Madame la marquise du Lyon, sœur de Madame la comtesse de Villèle, et cousine au même degré, par conséquent, de Mademoiselle de Mesnard.

4° M. Gabriel de Belcastel, ancien sénateur, cousin de Mademoiselle de Mesnard au 11e degré, et parent le plus proche de Madame la comtesse de Mesnard, du côté de son père M. le marquis de Bellissen.

5° M. Thomasset, ancien notaire de Lyon, jurisconsulte éminent, ami de toute confiance de Mesdames de Mesnard.

Montauban, Imp. et Lith. Forestié, rue du Vieux-Palais, 23.

www.ingramcontent.com/pod-product-compliance
Ingram Content Group UK Ltd.
Pitfield, Milton Keynes, MK11 3LW, UK
UKHW021553260726
13993UKWH00002B/805

9 782329 555508